高等学校
「探究的な学習」
実践カリキュラム・マネジメント
―導入のための実践事例23―

稲井達也 編著

G学事出版

はじめに

　平成に生まれた若者たちは、昭和の世代が壁と感じるような障壁をいとも簡単に超えていきます。一生涯同じ会社で定年まで迎えようと考えている若者はどれほどいるのでしょうか。起業に対する意識の高い若者は少なくありません。また、社会貢献に対する行動力もあります。彼らは SNS を駆使し、リアルタイムの情報を集め、積極的に発信しています。しかし、これらのスキルは学校で学んだものではないのです。では、学校教育は、敗北するしかないのでしょうか。そんなことはないはずです。

　平成の30年間はバブル経済崩壊に始まり、失われた10年のあとも経済的な不安定が続き、劇的な好景気はもはや望むべくもありません。世界を見渡してみても、分断が進み、先行きはますます不透明です。

　このような時代だからこそ前例にとらわれることなく、学校は生徒たちとともに学ぶという仕方で、新たな学びを切り拓いていくことが大切です。探究に真剣に向き合う経験は、生徒たちの成長に繋がるはずです。探究の学びでは、生徒たちの新たな姿を見ることができます。それは教師にとっても喜びになります。

　探究の学びを進めていくには、先生たち一人ひとりがそれぞれの持ち味を生かしながら、学校全体で協力し合うことが欠かせません。しかし、これが難しいことでもあります。執筆の先生方には、組織的に取り組むための手がかりも示していただきました。

　「昨日の自分より、少し成長できた……」そんな実感が生徒を明日の希望へとつなげていきます。本書で取り上げた23校の実践事例からは、生徒のそんな学びの姿が伝わってきます。学校そのものが変わり始めた様子も伝わってきます。

　探究の学びは、これからを生きる世代に対する未来への投資に他なりません。私たちにできるのは、生徒たちが生きる茫漠とした未来に対して、どのように生きるべきか、どのように人と関わり合うべきか、どのような明日をつくり出していくべきか。そんな羅針盤を見つけるための手がかりを示すことではないでしょうか。それが探究の学びをデザインすることであり、これからの学校教育の大きな役割のひとつに他なりません。

編著者　稲井達也

高等学校「探究的な学習」実践カリキュラム・マネジメント

もくじ

はじめに　　3

第1部　解説編 ————————————————————————— 7

1　新しい学習指導要領と探究的な学習 ……………………………………… 8
　（1）何のための探究的な学習か
　（2）実社会・実生活につながる学び〜汎用的な能力の育成〜
　（3）新しい時代の教養教育

2　カリキュラムに位置付ける …………………………………………………10
　（1）教科に位置付ける
　（2）学校設定教科・科目や総合的な学習（探究）の時間に位置付ける

3　探究的な学習を導入する組織運営のヒント …………………………………11
　（1）教育課程委員会の転換〜実務型から課題解決型への転換〜
　（2）教科会の活性化
　（3）探究的な学習を手がかりにして、中堅層をメンターにして若手を育てる

4　ICT活用と探究的な学習 ……………………………………………………13
　（1）書画カメラの活用がICTの第一歩
　（2）パワーポイントを電子紙芝居にしないための工夫
　（3）タブレット導入で写真と動画を取り入れる

5　学校図書館の活用 ……………………………………………………………14
　（1）探究に学校図書館が必要な理由
　（2）学校図書館の組織的なマネジメントが探究的な学習を支える
　（3）公共図書館と連携する

6　探究的な学習を支える校内研修 ……………………………………………16
　（1）高校に校内研修の文化をつくる
　（2）学び合い、高め合う校内研修
　（3）若手に任せ、ベテランを活用するボトムアップ型研修会運営

7　地域人材の活用 ………………………………………………………………17
　（1）専門的な諸機関の機能を活用する
　（2）社会に開かれた教育課程の実現

第2部　実践事例編 ——————————————— 19

Ⅰ　カリキュラム・デザインからはじめる

1　福井県立高志高等学校 ························· 20
　課題研究で高める「実社会・実生活で生きて働く資質・能力」

2　北海道函館稜北高等学校 ························· 26
　カリキュラム・デザインをもとに全各教科の授業に探究的な学習を導入する

3　香里ヌヴェール学院高等学校（大阪） ·············· 32
　探究する特別活動を基盤に誰一人取り残さず全員が挑戦する学校

Ⅱ　ICT を身近なツールにする

1　東洋高等学校（東京） ························· 38
　全校生徒のタブレットを活用したアクティブラーニングの導入で実現する
　探究心の育成

2　東京都立町田高等学校 ························· 44
　タブレットを活用した1・2年全員で取り組む探究活動

3　奈良女子大学附属中等教育学校 ·················· 50
　SNS オンライン・コミュニティを活用した深い学び

4　佐賀県立致遠館高等学校 ························· 56
　タブレットと PC 活用による深い学びと探究的な学習

Ⅲ　キャリア教育を中心に展開する

1　横浜市立横浜総合高等学校 ························· 62
　キャリア教育の視点で取り組む

2　東京都立戸山高等学校 ························· 68
　チーム・メディカルによる医学部進学希望者の資質・能力の涵養

3　中央大学高等学校（東京） ························· 74
　社会人×生徒×教師の共創型キャリア教育

4　大阪暁光高等学校 ····························· 80
　教師になりたいという夢の実現を応援する教育探究コース

Ⅳ　読書指導を広げる

1　京都学園高等学校 ····························· 86
　学校図書館と新聞等のデータベースを活用した探究的な学習

2　岡山県立岡山南高等学校 ……………………………………… 92
　　読書指導によってコミュニケーションの多層化を図る探究的な学習

3　長崎南山高等学校 ……………………………………………… 98
　　学校図書館を使った探究的な学習の実践

Ⅴ　1年間を通じて探究学習を具体化する

1　東京都立桜修館中等教育学校 ………………………………… 104
　　探究的な学習を研究論文に結実させる

2　秀光中等教育学校（宮城） …………………………………… 110
　　国際バカロレアにおける探究的な学習

3　神戸大学附属中等教育学校 …………………………………… 116
　　探究の力を育む課題研究

Ⅵ　地域の特性を生かす

1　熊本県立天草高等学校 ………………………………………… 122
　　1年全員が行う地域（天草）の豊かな資源を生かした探究活動の実践

2　鹿児島県立錦江湾高等学校 …………………………………… 128
　　全員で取り組む地域の特性を生かした探究的な学習

3　島根県立隠岐高等学校 ………………………………………… 134
　　「教育魅力化事業」を通じて地域と連携し、地域から信頼される学校づくり

Ⅶ　多様性のなかで学び合う・支え合う─特別支援教育の取り組み─

1　筑波大学附属桐が丘特別支援学校 …………………………… 140
　　新聞を活用したカリキュラムで生徒の自立を支援する

2　北海道八雲養護学校高等部 …………………………………… 146
　　生徒の豊かな自立的学びを支援するICT活用

Ⅷ　発想力で学びを広げる

1　東京都立大山高等学校 ………………………………………… 152
　　「哲学対話」で生徒を育てる

おわりに　158

第**1**部

解説編

新しい学習指導要領と探究的な学習

(1) 何のための探究的な学習か

　探究的な学習は、1998（平成10）年の学習指導要領の改訂で「総合的な学習の時間」が新設された時に注目された（高校の告示は翌年）。しかし、小学校は別として、中学校と高校においては、さほど重視されてきたとは言い難い。特に高校では2009（平成21年）の改訂により廃止されるのではないかという危惧もあった。しかし、そのまま残り、2018（平成30）年の改訂では、「総合的な探究の時間」としてリニューアルされ、探究を中心として重視されるに至ったのである。

　高校においての探究は、「総合的な探究の時間」に留まらず、国語科では、古典探究、地理歴史科では、地理総合、歴史総合、地理探究、日本史探究、世界史探究、公民科では、公共、新設された理数科では、理数探究基礎、理数探究などの科目が設けられた。このように、探究は教科の学習で重視されている。いわゆる高大接続改革の中で、高校の日頃の教科の授業で探究を重視することにより、授業の質的な転換を図り、大学の探究的な学びにつなげていこうとするねらいがある。その背景には、特にものづくりで経済成長してきた科学立国の栄光が過去のものになりつつあり、あらゆる分野でのイノベーションが必要になっている経済的な面がある。画一的な教科教育だけでは創造性が育ちにくい点は否めない。

　しかし、そのようなことだけを念頭に置いた捉え方だけではあまりに視野が狭い。探究の学びは、大学を視野に入れなくとも、すべての生徒にとって必要だからである。今期の学習指導要領では「実社会・実生活」という視点が包括的で学習指導要領全体を貫く基本的なコンセプトとして考えられるが、端的に言えば、探究的な姿勢は職業人としての生活に欠かせないからである。このような文脈で探究をとらえる場合、一人ひとりがそれぞれの人生をたくましく生き抜く力を身につけさせるものとしてとらえることができる。

　個人での探究もあるが、実社会ではチームで仕事に取り組むことが多

いので、協働的な探究が必要である。つまり、チーム・ワークが求められると同時に、コミュニケーションが必要となる。

　一人ひとりの生徒が社会で必要とされ、自らの自己実現を図り、幸せに生きるために必要なもの、それが探究の取組である。

(2)　実社会・実生活につながる学び─汎用的な能力の育成─

　欧米では21世紀型スキルを教育改革の目標に掲げている学校が少なくない。21世紀型スキルは、IT企業による「21世紀スキルの学びと評価プロジェクト（ATC21s）」によって示された。OECDによる「DeSeCoプロジェクト」と同様に、実社会で必要な汎用的な能力を示したものである。

　我が国では21世紀型スキルに見られる汎用的な能力は、日本型に置き換えられ、「資質・能力」と表現している。文部科学省は21世紀型スキルのように「スキル」とはせず、「資質・能力」として、資質と能力を並列させて一体的に表現した。スキルとしてしまえば、能力主義を加速した感が否めなくなる。

(3)　新しい時代の教養教育

　探究の学びには、我が国の教育が長年にわたって伝統的に大切にしてきた児童中心主義、今日風にいえば、学習者主体の考え方がある。

　高校現場は小・中学校に比べると保守的な傾向があり、徹底した改革はあまり馴染まない。教科ごとにそれぞれ専門性が高い。教科内容も多く、期間内に終わらせなければならない。小・中学校の教師が指導方法や子どもの反応に関心を向ける傾向にあるのとは異なり、高校では教科内容への関心が高くなるのも無理はないのである。むしろ、これまで教科教育で重視してきた指導方法を否定することなく、改善を加え、探究の要素を組み込んでいく方が高校の学校文化に合っている。例えば、教師による基礎的・基本的な知識に関わる説明を授業の前半で行い、後半では生徒自身による「問い」の解決を図る時間として設定する。自分の考えをアウトプットしたり、生徒同士で共有したりする。これだけでも

授業のスタイルは大きく改善されるに違いない。これまでの授業ではアウトプットと共有があまり行われてこなかったのである。

当然のこととして、校種に限らず、基礎的・基本的な知識の習得は尊重されなければならない。しかし、知識が先になければ探究することは不可能ということはないはずである。基礎的・基本的な知識の習得の後に探究が成立するという直線的な学習がいつも教室の中に実態としてあるわけではない。この場合、教える側が直線的な学習観に基づいているに過ぎない。経験を通して「なぜだろう?」「どうしてだろう?」という疑問が立ち上がり、その解決に向けて、逆に基礎的・基本的な知識の必要性を実感する場合もある。そして、疑問の解決のために、自ら本やインターネット調べたり、詳しい人に話を聞いたりしながら、疑問を解決していく。

このように、探究的な学習プロセスは、研究者が行う学術研究のプロセスと変わらない。探究の学びは、行きつ戻りつしながら、学びを深めていくらせん状の学びである。自ら疑問を持ち、問いを立てることのできる学習者を育てることは、現代の教養教育といってもよいものであろう。教師は、生徒と一緒に学ぶ。教師の役割は、問いを立てることを手伝ったり、問いを課題として絞り込んだり、あるいは調べ方を教えたりするなど、指導者として傍らに寄り添うことである。教師は授業をデザインしていくデザイナーであり、学習者の自律的な学習を促すファシリテーターであり、コーディネーターなのである（ただし、この役割をあえて担わない場合もある）。

カリキュラムに位置付ける

（1） 教科に位置付ける

探究を教科に位置付けるには、年間指導計画と教科間の情報共有が欠かせない。まず、多くの学校が年間指導計画を作成している。しかし、単元名だけを記載した簡素なものが多く、評価方法については、「総合的に評価する」の文言が付く。単元名だけではなく、学びのゴールを示

第1部　解説編

すようにする。また、評価についても、単元ごとに、また科目全体としての達成度を示してはどうだろうか。つまり、年間指導計画は、生徒が学習の見通しを持てるようなものにすることが大切である。作成するのは各教科の教師なので、学校としてどのような形式の年間指導計画に統一するかは、授業改善の第一歩である。

（2）　学校設定教科・科目や総合的な学習（探究）の時間に位置付ける

　探究は教科の授業に取り入れるほか、例えば１年間を通じて大学のゼミのように探究を行う研究的な学校設定教科・科目として設置する場合もある。近年では大学の研究への接続を意識し、課題研究、卒業研究などの名称で単独に設置する高校が多く見られる。

　また、「総合的な学習（探究）の時間」に位置付け、年間を通じて計画的・継続的な学習として実施する学校もある。修学旅行の事前学習やキャリア教育の一環として大学訪問などを行う学校は多いが、今求められているのは、探究の要素を盛り込み、カリキュラムとして整備し、計画的・継続的に運用していくことである。

◆◆3◆◆　探究的な学習を導入する組織運営のヒント

（1）　教育課程委員会の転換―実務型から課題解決型への転換―

　新しい教育課程を編成する際に高校で最も採用されているのは、教科主任などの教科代表が集い、どの学年にどの科目を何時間配当していくかを協議していくという手法である。しかし、この手法は一見民主的に見えて、教科の利害が反映されてしまうため、大切なことを見失いがちである。ここには校長のガバナンスが介在しにくい。

　校長にはこの先の10年間を見通して、「目指す学校像」と「育てたい生徒像」を示すことが必要である。

　とはいっても、トップダウンだけで円滑に進むとは限らない。まず、校長は各教科に「目指す学校像」と「育てたい生徒像」を協議してもらい、その上で教頭・副校長とともに主任層だけではなく、各教科の主任

11

にもヒアリングを行いながら、校長として「新しい教育課程で目指す学校像・目指す生徒像」を策定するプロセスを踏むことが大切である。

（2） 教科会の活性化

　旧来型の教科主任会と教科の間を教科主任が往復しながら、新教育課程の時間数を調整していく手法は時間もかかり、責任の所在が明確にならない。公立学校であれば、異動が伴い、新しい教育課程を実施した時には、校長はもとより、多くの教員がいなくなっている。にもかかわらず、なぜ教科の時間を多く獲得しようと躍起になるのであろうか。

　学校の未来に責任を持つためにも教科会は日頃から課題を共有し、課題を解決するための「課題解決型」の会議にしていくことが必要になる。

　そのためには、校長は学校経営計画の中に、授業改善の方略を盛り込む。そして、教師は各教科会を開催し、自分たちの教科の学習指導上の課題を抽出し、その課題共有した上で改善に向けた取組を考えていく。校長は前述したように、各教科のヒアリングを通して、学校経営計画に盛り込む内容を精査していくとよいのではないだろうか。

　そして、校長は教科主任会を学校経営の一つとして日頃から定例化する。教科主任会を教育課程編成の実務を担う場とするのではなく、校長が示した「新しい教育課程で目指す学校像・育てたい生徒像」を練り上げていく会議、教育課程の基本方針を組み立てていく会議、教科の課題を教科主任相互に共有し、よりよい授業の実現に向けて協働的に取り組むきっかけをつくる会議へと変えていく必要がある。つまり、「課題解決型教科主任会」に変えていくのである。

　教科主任会はこのようにして、各教科の利害を超えた場に変える。教育課程編成の原案を作成するプロセスを全教員に「見える化」することにより、自分の教科ベースで考える高校の教師文化を変えていくことが大切である。

（3） 探究的な学習を手がかりにして、中堅層をメンターにして若手を育てる

　探究を学びの中心に据えた教育を進めていくにあたっては、中堅教員

をメンターにして、有志による若手教員をチーム・メンバーとして組織化するようにする。メンターとは、良き指導者であり助言者のことをいう。メンターは対等な関係を築きながら自立を促していくコーチングをを担う人である。メンターが若手の人材を育成する。このような組織づくりは、本書の横浜市立横浜総合高校の実践報告に詳しいので参照してほしい。

　メンターは、教科や学年、校務分掌を超えた横断的な組織にすることが望ましい。学校文化の中で、校務分掌や学年の壁は乗りこえにくいものがあるからである。校内研修にしても、日頃から組んでいるチームでメンターを中心にしながらグループ分けを行うとよい。日頃のチームでつくられた人間関係のもとで、実質的な研修を行うことができる。時にはメンバーをシャッフルして、ふだんはあまり話したことのない教師同士で組むことも校内研修の大切な仕かけとなる。

 ICT 活用と探究的な学習

（1）　書画カメラの活用が ICT の第一歩

　高校の教室には ICT 環境が整備されてきつつある。教室内に簡単にパワーポイントなどのデジタル教材を投影できる環境が整った。電子黒板のある学校もある。

　しかし、ICT 活用の第一歩は簡単に活用できることから、書画カメラ、拡大投影機といわれる機器である。教材や生徒が書いたワークシートなどを簡単に教室内で共有できる。まずは校内研修などを利用して、書画カメラの活用を取り入れるように働きかける。ICT は活用した経験のない教員にも使ってもらうことが大切である。

（2）　パワーポイントを電子紙芝居にしないための工夫

　パワーポイントというのは、いわば授業のロードマップで、予め計画した道を外れずに目的地まで運転するための道案内のようなものである。学びは創発的なものである。創発とは、発想が新たな発想を生み、

学びから学びが生まれ、学びが深まったり広がったりする状況をいう。創発はイノベーションには欠かせないものなのである。パワーポイントはその創発を制限してしまう面がある。親切すぎるワークシートもまた同様である。

スライドには生徒が考える余白の部分を残すことが必要である。考えるためのヒントや考えを深めるための材料を提示するものでありたい。

(3) タブレット導入で写真と動画を取り入れる

ネットワーク環境が整備され、タブレットが個人所有だったり、あるいは授業の人数分の用意があったりすれば、生徒が授業時に作成したシートや作品などをその場で撮影して、ネットワークを介してリアルタイムで共有することができる。Wi-fiの場合、クラスの全員がアクセスできるようなタイプでないと、通信が極端に遅くなるため、学校によっては、回線契約している事例もある。

ネットワークに繋がるタブレットではなくても、生徒がカメラで写真や動画を撮影し、電子黒板やコンピュータに接続し、画像を投影して教室内で情報を共有することができる。理科の実験や保健体育の実技などでの活用が期待できる。

将来的にこれからのICT活用では、1人1台所有のタブレット・PCの導入によって、探究がよりいっそう進展していくと考えられる。探究にICTは欠かせない手段となるであろう。

学校図書館の活用

(1) 探究に学校図書館が必要な理由

探究で学校図書館を活用する意義としては、情報活用能力の育成がある。デジタル・ネイティブである生徒たちは、マス・メディアではなく、日常的にSNSや動画サイトといったメディアを活用している。テレビやラジオと接しない生徒も多い。しかし、ネットの情報だけでは、あまりにもバランスが悪い。

探究を進めるには、教科書や補助教材として生徒に購入させている資料集だけでは情報が足りない。学校図書館の資料には、図書資料、雑誌、新聞、CD や DVD などの視聴覚資料、そしてインターネットがある。生徒に必要なのは、目的に応じてインターネットも含めて多様なメディアを使い分けるスキルである。また、目的に応じて必要な情報を取り出し、取捨選択し、要約したり図表にまとめたりするなどの加工・表現といったスキルである。これらの情報活用能力を総称して「リテラシー」と呼んでよい。汎用的能力の一つとして重視する必要がある。

（2） 学校図書館の組織的なマネジメントが探究的な学習を支える

学校図書館が所蔵する図書資料を探究に活用する方法を何れかの時間に指導する必要がある。専門職である学校司書を配置している学校では、教務と司書教諭、学校司書の三者が連携し、授業などで学校図書館を活用するシステムをつくる必要がある。校長としては、学校図書館の組織的なマネジメントを行うためのしくみをつくるとよい。

①校務分掌に学校図書館をマネジメントする部署を設ける。あるいは、探究や授業改善を推進する委員会に位置付ける。教務部や生徒指導部には置かず、独立した分掌とする。
②学校図書館をマネジメントする部署には主任を置き、司書教諭と学校司書を配置し、相互に連携できるようにする。主任には司書教諭を充てることが望ましい。

学校図書館法が改正され、いわゆる学校司書は法的に位置付けられた。学校司書は教員ではないため、学習指導を行うことはできないが、教師の授業サポートを行うなどの支援は可能である。教科担当者と一緒に探究学習の際の支援を行うことはできる。詳しいことは文部科学省のウェブサイトにある「これからの学校図書館担当職員に求められる役割・職務及びその資質能力の向上方策等について」（報告）に詳しく出ている。司書教諭と学校司書の専門性を高めるためには教育的なサポートの実務を通しての OJT が欠かせない。

(3) 公共図書館と連携する

　学校図書館が所蔵する資料には限りがある。専門的な学びになると、より詳しい資料が必要になる。都道府県立図書館と連携協定を結び、団体貸し出しができる仕組をつくると便利である。例えば、鳥取県立図書館は、県立でありながら、県内の小・中学校、高校の探究学習を支援するため、県立図書館に配置された指導主事がテーマ別の図書パッケージを作っている。学校への配送システムがあるため、利用しやすい。鳥取県のような先進的な仕組みがなくても、都道府県立図書館に働きかけて、資料を有効活用するように努めたいものである。

探究的な学習を支える校内研修

(1) 高校に校内研修の文化をつくる

　高校では教科ごとに専門領域が異なるため、授業研究の文化が育ちにくく、校内研修に授業研究が取り上げられることが少ない。教科で授業を見せ合うことも稀である。「授業は個人の努力で力量を高めるもの」という文化のため、協働的な授業研究は行われにくい。

　このような高校独特の学校文化の中にあっては、校内研修はトップダウン型よりも、ボトムアップ型で推進していく方がよい。「主体的・対話的で深い学び」や「資質・能力の育成」といった観点に立っての授業改善は喫緊の課題として、一人ひとりの教員に投げかけられている。個人の努力にも限界がある。

　探究の学びは、経験した教師が少ないため、特に指導方法についての理解を図るためには、校内研修が欠かせないものとなる。校内研修を推進するための組織として、研修部や校内研修委員会を置く高校は少ない。しかし、旧来型の校務分掌では、時間もかかり、課題意識を教師全員で共有しにくい。

　そこで、有志からなるプロジェクトチームを設置してはどうだろうか。例えば授業改善の一環として、「探究の学び」を1年間の研究テーマとして設定する。その上で、プロジェクトチームで課題を抽出し、課

題解決のための研修方法や手順を探る。プロジェクト・チームが校内に提案していくという形をとる。企業では普通に行われているこのような取組であるが、硬直化した学校組織だからこそ、校長が働きかけたいものである。

ルーティン・ワークではなく、ブレイク・スルーを起こすための仕組みづくりが大切である。

(2) 学び合い、高め合う校内研修

校内研修がなければ、特に若手の教師は学ぶ場がない。公立学校の場合、教育委員会が行う官制の研修会は、無難なものが多い。ワークショップ型の研修が増えつつあるとはいえ、一般論を原則にする傾向があるため、教育改革の大きな枠組みを捉えるにはよいが、自身や自校の課題に正対できる研修にはなりにくい面がある。やはり、校内研修は自校において自前で企画するのがよい。

(3) 若手に任せ、ベテランを活用するボトムアップ型研修会運営

若手の教師は上からの押し付けを嫌う。真面目であり、何かのきっかけがあれば自ら行動を起こす。研修会の運営を若手教師に任せ、思い切ったアイデアも積極的に採用することで活性化が図られるようになる。中堅教員はメンターとして若手を支える。ベテラン教員には豊富な経験がある。適材適所で経験の継承と新たな教師文化の創造を目指したい。

地域人材の活用

(1) 専門的な諸機関の機能を活用する

探究を進めていく際、全てを学校だけでやりくりしようとするには自ずから限界がある。「社会に開かれた教育課程」のベクトルを外から学校に向けるのではなく、学校から外に向けた取組に変える。

だからといって、人材バンクを作る余裕は学校にはない。専門家に学校に来てもらうというのもまたコーディネート役を担うことの多い教

頭・副校長や教務主任などの負担増につながる。

（2） 社会に開かれた教育課程の実現

　そこで、課題解決を図ろうとする生徒自身が、学校外の専門機関を訪ねる方式がよい。専門機関を学校側が事前に登録する方式を採るのではなく、生徒自身が地域にある大学、図書館、民間企業、官公庁、美術館や博物館などの文化的施設などとコンタクトを取った上で訪ねるようにする。実社会では必要なスキルである。生徒一人ひとりが介在役となって、生徒と専門機関の間に双方向のコミュニケーションが成立するように指導することが望ましい。

　ただし、学校としては、積極的に自校の取組をウェブサイトやSNSで発信する必要がある。生徒から依頼された外部の専門機関等にしても、学校の情報発信に触れ、教育内容を理解すれば、生徒の取組を納得するに違いない。

　このような生徒への指導とは別に、やはり教員は機会を見つけて地域に出ていき、地域の人たちと関わるようにしたいものである。高校は小・中学校とは異なり、地域との関わりがどうしても稀薄になりがちである。行政区分が異なるがゆえに、地域の避難所にさえ指定されていない高校もある。地域と関わる場を意識的に設けないと、地域との接点を持ちにくい。地域の人からすれば学校の実情が把握しにくく、きっかけもつくりにくい。

　管理職や主幹教諭が地域との協議会の場なども活用して、積極的に地域とのつながりをつくるようにしたいものである。探究においては、地域もまた生徒にとっての大切な学びの場の一つであり、学習材になり得る。

　外部の人たちにカリキュラムづくりに参加してもらったり、教育活動に積極的に関わってもらったりすることを通して、「開かれた教育課程」の理念を地道に実現していくことが教育活動の充実を図ることにつながる。

(稲井達也)

第**2**部
実践事例編

カリキュラム・デザインからはじめる

課題研究で高める「実社会・実生活で生きて働く資質・能力」

福井県立高志高等学校　教頭　入羽弘之

1　学校紹介

　本校は、「国際社会および地域社会のリーダーとして貢献できる知・徳・体のバランスのとれた人材」を育成することを教育方針とする普通科進学校である。2003（平成15）年にSSH指定校となり、現在第4期2年目を迎えている。2014（平成26）年から5年間SGHにも指定されていた。平成27年4月には県立高志中学校を開校し、併設型中高一貫教育にも取り組み始めた。

　高志中学校、高志高校の全生徒が3年間を通じて「課題研究」に取り組んでいる。

　学級数は、高校の各学年7学級（生徒数764名）、中学校各学年3学級（生徒数269名）である。

　大学合格者数（平成31年4月1日現在）は、国公立大学184名、私立大学314名であった。

2　実践概要

(1)「課題研究」で育てる資質・能力

　本校が課題研究で育てようとしている資質・能力は、好奇心・想像力、情報収集・分析力、論理的・批判的思考力、コミュニケーション能力、行動力、問題解決能力などである。大学に合格するためではなく、大学を出たあとの実社会・実生活で役に立つ資質・能力を育てようとし

ている。そうした資質・能力を育てるために、課題研究に取り組む学校設定科目を柱に、言語系の学校設定科目等を配置した教育課程を組み、学校行事を工夫している。

（2）課題研究の3年間の流れ

SSH の研究指定に伴い、学校設定科目「KoA-R（Koshi Academic-Research）」「KoA-S（Koshi Academic Study）」を設けている。前者は、高志中学校から進学した生徒（以下「内進生」）、後者は、高校入試を経て入学した生徒（以下「高入生」）を対象とした科目である。内進生は、高志中学校において、県内の他中学校よりも踏み込んだ探究的な学習に取り組んでいるため、課題研究に関連する学習に取り組む時期や進め方が、高入生のそれとは多少変わっているが、3年間の学習は、概ね以下のような流れで展開している。

1年は、本格的な「課題研究」に取り組むための前段階として、言語技術や PC スキルの習得、テーマ設定に関連したリレー講座、探究のプロセスの理解等の学習を行っている。2年は、生徒が自ら設定したテーマについて、グループ別「課題研究」に取り組んでいる。3年は、報告書・論文、英文レポートを執筆するほか、最終発表会を開催する。

（3）言語系の学校設定科目

口頭・書面でのコミュニケーション能力を育成するため、「英語活用RP（リサーチ＆プレゼンテーション）」「英語活用 DD（ディベート＆ディスカッション）「論文演習」等の言語系の学校設定科目を設け、アウトプット重視の授業を展開している。また、到達度の測定のため、英語検定や GTEC 等、英語4技能を測定する検定試験を積極的に受験させているほか、海外短期留学を推奨している。

（4）課題研究関連の学校行事

本校では、2年生の修学旅行を廃止し、新たに生徒が行き先を選択する「選択型研修旅行」（海外8コース、国内2コース）を、10月に実施している。いずれのコースにおいても、課題研究に関する情報収集や進

挨報告を行うほか、現地の大学での研修や高校交流を行うなどのプログラムを組んでいる。

2年生の2月には、それまでの成果を「中間発表会」として校内で披露し、高校生や中学生たちと共有している。さらに、同月、本校が主催する形で「福井県課題研究発表会」を開催し、県内外の小・中・高校が集まって成果発表と情報交換を行っている。3年生の7月には、課題研

課題研究の学校設定科目と言語系の学校設定科目と関連する学校行事

学　年	課題研究の 学校設定科目	言語系の 学校設定科目	関連する 学校行事
3　年	KoA-R・Ⅲ（内） KoA-S・Ⅲ（高）	英表 CW	最終発表会
	発表、論文作成 コンテスト挑戦	発表、論文作成 4技能検定受験	グループプレゼンテーション 外部評価
2　年	KoA-R・Ⅱ（内） KoA-S・Ⅱ（高）	英活 DD 英活 RP 英活 AE	中間発表会 選択型研修旅行 校外研修、出前授業
	グループ別研究 大学・企業等連携 メンター指導 校外研修 出前授業 コンテスト挑戦	発表、議論 アウトプット重視	グループプレゼンテーション ポスターセッション 外部評価 フィールドワーク 大学研修、高校交流 大学研究
1　年	KoA-R・Ⅰ（内） KoA-S・Ⅰ（高）	英活 DD 英活 RP	校外研修、出前授業
	言語技術・PC スキル・情報モラル習得 リレー講座 探究プロセスの理解 コンテスト挑戦	発表、議論 アウトプット重視	知的好奇心の喚起 学部学科研究
高志 中学校	総合的な学習の時間 「高志学」	論文基礎 英語表現基礎	校外研修、出前授業 シンガポール研修 学校祭での展示、発表
	ふるさと学習 キャリア学習 課題研究	卒業論文 アウトプット重視	ふるさと学習 キャリア学習 ミニ留学体験

※略称の説明　　KoA-R（内）「Koshi　Academic-Reserch」内進生が履修する。
　　　　　　　　KoA-S（外）「Koshi　Academic-Study」高入生が履修する。
　　　　　　　　英表 CW　「英語表現 Change the World」の略。
　　　　　　　　英活 DD　「英語活用 Debate&Discussion」の略。
　　　　　　　　英活 RP　「英語活用 Reserch&Presentation」の略。
　　　　　　　　英活 AE　「英語活用 Advanced Expression」の略。

究の集大成として、市内の公共ホールを貸し切り、3年生全員が参加する「最終発表会」を開催している。

3 カリキュラム・デザインの工夫

(1) 進学型単位制教育課程を採用

　課題研究に代表される探究的な学習と大学進学に向けた学習を両立するため、「進学型単位制教育課程」を編成している。これは、生徒が自らの興味・関心、志望進路に応じて教科・科目を選択できるようにするものであり、3年次には、文系で21単位、理系で23単位分の内容、難易度を細かく設定した選択科目群が用意されており、志望大学への進学に必要な科目を選んで学習できるようになっている。内進生と高入生が同じ授業を受けることもある。

(2) 全教科の教員が指導する体制を構築

　課題研究「KoA-R」「KoA-S」の実施にあたっては、高校だけでなく、中学校も含め、全教科の教員が指導に関わる体制としている。

「KoA-R」「KoA-S」における教科別担当人数（令和2年度見込）

	国語	地歴・公民	数学	理科	保体	英語	芸術	家庭	計
3年	2	4	4	11	2	4	1	2	30
2年	2	4	4	13	2	4	1	2	32
1年	2	2	4	9	2	3	1	1	24
計	6	10	12	31	6	11	3	5	86

(3) 積極的に大学・企業等外部の協力を仰ぐ

　本校では第1期SSH指定の頃から、大学・企業等との連携を積極的に行ってきた。相手先に出向いて実験や実習を行う「校外研修」、講師を招いて授業をしてもらう「出前授業」などが主であった。さらにSGH指定（平成26年度～30年度）、高志中学校開設の頃には、経済団体（福井経済同友会）とも連携し、中学校、高校の課題研究の授業に協力していただいている。

第4期SSH指定を機に、「校外研修」や「出前授業」に加えて、課題研究について、年に複数回、指導・助言をいただく「メンター」もお願いしている。また、年2回、テーマ設定の仕方や研究の進め方、評価の仕方等について、教員との意見交換会を行っている。

4 カリキュラム・マネジメントの視点

（1）教員の共通理解、教員研修をすすめる

本校では、4月にその年度の「KoA-R」「KoA-S」の授業担当者が決まった時点で、オリエンテーションを開催し、年間学習スケジュール、課題研究の支援の仕方、評価等について共通理解を図っている。また、学際的に取り組む研究事例等を紹介し、2年生のテーマ設定についての研修を行っている。また、年間を通じて以下の部署や委員会において、課題研究の進め方や行事の企画準備等について協議しているほか、計画的に全教員が参加する教員研修を実施している。

①研究部

SSH、SGH（平成30年度で指定終了）、中高一貫教育、国際交流、その他、中・長期的な教育課題への対応等を総合的に研究推進するための組織として、校務分掌に「研究部」を設置している。高志中学校にも「研究部」があり、中高の接続を図っている。

②SSH委員会

各教科および校務運営との連携を図り、課題研究の推進のみならず、既存教科における探究的な学習や教科間連携を含む取組を進めるため、週1回の頻度でSSH委員会を開催している。

（2）アウトプットの機会を確保し、コンテスト等へ挑戦させる

課題研究に関する学習や行事を計画する際には、生徒に十分にアウトプットの機会を与えるように配慮している。前述したとおり、2年の10月の「選択型研修旅行」では、海外・国内の研修先において、課題研究の進捗を大学生や高校生に発表する機会を設けている。また、学校行事

として、2年次の2月に「中間発表会」「福井県課題研究発表会」、3年次の7月に「最終発表会」を実施している。そうした学校行事レベルの発表の機会とは別に、日常の授業の中でも発表や話し合いの機会を設けている。テーマ設定段階、情報収集・情報分析や実験・観察の段階、考察やまとめの段階等、年間を通して複数回、校内での発表会を実施している。また、生徒には、校内での発表会に留まらず、積極的に全国レベルのコンテストや学会での発表に挑戦するように奨励している。

5 導入するポイント

　育てたい生徒像を思い描き、そうした生徒を育てるための教育課程を編成し、学校全体で実践しようとするときに参考にしたいのは、大学の取組である。卒業時の姿（ディプロマ・ポリシー）、教育課程編成方針（カリキュラム・ポリシー）、入学者選抜方針（アドミッション・ポリシー）を校内外で議論する。回り道のように見えても、教員間の話し合いを促し、アイディアを集めることが重要である。幸いなことに、以前に比べれば大学や企業、行政等が学校教育に力を貸してくれる環境は、格段に進んできている。学校を開き、教員以外の人々も巻き込んでアイディアを出し合い、それぞれの「強み」を持ち寄って、ヒト、モノ、カネ、情報等の課題を克服していくことがポイントである。そして、そのことは、これからの生徒が、社会が抱える課題の解決のために、学校内外で学びを進める姿とそのまま重なっていくのではないか。

カリキュラム・デザインをもとに全各教科の授業に探究的な学習を導入する

北海道函館稜北高等学校　教頭　矢田龍介

1　学校紹介

　本校は、高校入学者急増期の1983（昭和58）年に開校した函館市内の普通科高校であり、1学年のクラス数は6クラスからスタートし8クラスになる。最大10クラスまであったが、少子化が進みクラス数が減少、2012（平成24）年度入学生から3クラスとなり、2021（令和3）年3月に統廃合で38年の歴史を閉じる。

　進路状況は年度による変動はあるが、概ね大学・短大が5〜6割で、国公立大学は2割、専門学校が2〜3割で看護学校が最も多い。就職は10名前後で公務員が多い。平成22年度には東京大学に1名合格した。

　2004（平成16）年度に「ワークシェアリングの推進、会議時間の短縮」など、当時の学校課題の解決のために未来構想委員会を立ち上げ、校内組織の改善と学力向上のための検討と取組が始まる。

　2006（平成18）年度、北海道教育委員会の研究指定を受け、生徒の学力向上と校内組織の改善に加えて、教員の資質・能力の向上も含めた取組を始める。以後、2009（平成21）年度からの文部科学省の推進校指定を通して、「総合的な学習の時間」における思考力や表現力の育成を大きな柱として、思考ツールの活用方法、小論文作成、プレゼンテーションを実施してきた。2013（平成25）年度からは、総合的な学習の時間で習得したものを各教科・科目等に取り入れて授業改善に取り組んだ。この時、稜北生に身につけさせたい20の力を設定し、各教科・科目、特別活動、部活動のどの場面でも活用できるようにした。2016（平成28）年

度からはアクティブラーニングの実践を深めるための、評価方法についての検討も始めた。

2 実践概要

（1）校内研修の推進

2009（平成21）年度より、分掌横断的に Wisdom 委員会（Wise、Insightful、Sage、Discerning、Outlook、Mature）を設置している。生徒の資質・能力の向上、アクティブラーニングの取組を推進し、組織的・計画的な校内研修体制をつくり、各年度の研究主題・取り組みを設定し、北海道教育大学函館校教授をはじめ、文部科学省視学官や京都市立堀川高等学校教諭などの外部講師による講演や海外を含む視察研修をおこなった。教職員の転出入がある中、研究の成果と課題について共通理解を図り、継続的な研修を続けた。

（2）資質・能力の明確化

2013（平成25）年度に、「育む資質・能力」を「稜北生に身につけさせたい20の力（21世紀型学力）」として全教職員で共有した。①「基礎力」として知識・情報を活用する力、言語活用力、説明する力、数的処理。②「思考力」として多くの価値観を理解する力、批判的に考える力、課題発見力、計画力、考え抜く力、論議する力。③「豊かな人間性」として健康・体力、豊かな人間性、自己理解、自己管理力。④「実践力」として人間関係構築力、チームワーク、リーダーシップ、前に踏み出す力、働きかける力、コミュニケーション力である。

これらを一覧にまとめ、教科・総合的な学習の時間・特別活動・部活動において、活動の「ねらい」を明確化し、どの教職員もいつでも可視化し共有することを目指した。

（3）評価・授業改善

「身につけさせたい資質・能力」を明確化し、協同的な学び合いを全教科で実施することにより授業改善に取り組み「生徒による評価」と「教員相互による授業評価」により、協同的な学び合いの授業形式の研

修を深め、課題を教員全体で共有した。このことにより、教科を越えた授業公開が行いやすくなり、教員も生徒も協同的な学び合いができるようになった。また、もう一つの評価・改善として、「身につけさせたい20の力」が適切であるかどうか再検討する必要が出てきた。

※本校では協力して学習することを「協同的な学び合い」と呼んでいる。

（4）総合的な学習の時間の取組

　総合的な学習の時間における活動を協同的な学び合いの中心として、全体計画を作成し各学年の取組を次のように定め明確化した。

〈1年〉「生徒個々の興味・関心・注目している話題から進路目標を意識し、21世紀型学力（言語活用力、説明する力、知識・情報を活用する力）の基盤を育成すること」をねらいとして、自分の思考をアウトプットし視覚的に整理することやコミュニケーションスキルを学ぶ。

〈2年〉「地域の問題を講演や協同的な学び合いを通じて探究することで、21世紀型学力（課題発見力、計画力、考え抜く力、議論する力、チームワーク、リーダーシップ）の習得をめざすこと」をねらいとして「道南と私達の未来を考える」をテーマに調査等地域の課題探究に取り組む。

〈3年〉「各自のテーマに沿った学習を進め、その成果を1・2・3年生に対しセッション方式で発表することで、21世紀型学力（課題発見力、多くの価値観を理解する力、計画力、前に踏み出す力、コミュニケーション力等）の実践力を身につけること」をねらいとして「テーマ学習」に取り組む。

（5）教科等横断的な学びの事例

　総合的な学習の時間での協同的な学び合いを円滑に進めるために、情報の時間では情報収集やプレゼンテーションの方法を習得させ、図書館オリエンテーションでは情報源としてのとしての本の活用や新聞の切り抜きなどの指導を実施した。

　テーマに対する自分の考えとその根拠を整理し思考の流れを視覚化するために、英語や日本史ではフィシュボーン図を活用した。また、コミュ

ニケーション力育成のため、数学では互いに教え合う場面を設定した。

3 カリキュラム・デザインの工夫

（1）総合的な学習の時間を中心にした全体計画

（ア）総合的な学習の時間

　最終学年の「テーマ学習」につながるように、各学年で育む資質・能力及び活動とねらいを定める。

（イ）各教科・科目

　各教科・科目の特性に応じて、シラバスの中に言語活動の充実・思考ツールの活用・協同的な学びに関わる活動を組み入れる。

（ウ）教科等横断的な活動

　総合的な学習の時間では「思考ツール」や「協同的な学び合い」の手法（KJ法やフィッシュボーン図等の活用）の研究を進め、各教科・科目では授業の特性に合う手法（思考ツール、協同的な学び合いの方法）を試行錯誤的に取り入れ、総合的な学習の時間と各教科・科目との関連付けを総合的な学習の時間の全体計画に明示する。

（2）スタディープランの作成

　3年間の見通しを持って教科や学年、全教員が総合的な学習の時間と進路に係わる取組ができるように、教務部、進路指導部、総合学習委員会で「スタディープラン」を作成した。これは、3年間の総合的な学習の時間と定期考査、講習や模擬試験の各月の計画を一覧にまとめ、教科等横断的な視点を持って共通指導できるようにした。

（3）各教科の取組

　その年の研究テーマに沿って、各教科では、取り組み内容・前年度からの改善点・取組の観点を検討することを通して、PDCAサイクルによる研修計画を立てる。全教科・科目の取組を一覧にまとめ可視化することにより、教科相互の授業評価ができるようにした。

（4）異学年交流

　グループや個人による探究の成果は、ホームルームや同じ学年だけで

なく、他学年の生徒の前で発表することなど、多様な学習の場を設定している。

4 カリキュラム・マネジメントの視点

（1）授業評価

生徒による授業評価を導入するに当たり「授業ではなく教師の評価となるのではないか」「生徒に授業を評価する力があるのか」「生徒から高い評価を得るように授業方法を変えたら、授業の質や学力が上がるのか」という疑問があった。そこで「設定された指導目標をどの程度達成できたかという観点で授業評価を行うこと」として「授業で学習した内容のどこが理解できて、できなかったかを詳細に挙げることを中心とする質問項目」を入れた。

更に、教員相互の授業評価を実施し、授業改善をはじめ、シラバスや指導計画の改善につなげることができた。このように、授業改善のPDCAサイクルを確立させることにより、生徒の学力の向上を図ることができたと考える。

（2）地域との関わり

生徒の主体的な活動として、2学年の「道南と私達の未来を考える」と3学年の「テーマ学習」では、地域の関係機関や町内会などに基礎調査のためのアンケート調査やインタビューが行われている。そのほかに、インターンシップや生徒向けの講演など地域からの協力を得ている。これらに対して学校からは、地域ボランティア清掃や函館市への提言など地域に貢献し、地域との相互協力関係を築いている。

（3）課題

授業評価を通して、協同的な学び合いについて、生徒の肯定的な回答が多い一方で、授業内容の定着が図られているか確信が持てないという教員の感想があり、協同的な学び合いの中で、学習成果を生徒個人に還元させる工夫の必要性を確認した。今後は、総合的な学習の時間を中心とした取組が、知識・技能の定着に結びついているのか検証するため

に、定期考査問題の工夫・改善や模擬試験の分析による還元方法の工夫・改善に取り組みたい。

5 導入するポイント

　本校では「今ある学校課題を解決して、活気ある学校にしたい」という共通理解を持ち、プロジェクトを始めるにあたって次のことを確認した。①プロジェクトのために特別のことをするのではなく、日常の実践を表面化・共有化する。②生徒の確かな学力の向上と教員の資質能力の向上につなげる。③一部の個人・委員会だけでなく、学校全体で取り組む。④取組状況や内容を web 等により公開する。このことにより、個人プレーに頼らず、組織で取り組むシステムを作ることができた。

　育成すべき資質・能力である「稜北生に付けさせたい20の力」によって、すべての教育活動の中で教員全員が一貫性のある指導ができている。教科・科目だけでなく、特別活動や部活動などあらゆる場面で「これは、この力を付けるための活動である」と明確に示すことができた。持続可能な学校全体の取り組みを続けるためには、それぞれの活動が持つねらい、教科・科目等がどのように関連付けされているのかを視覚化した図表を共有することが重要である。

　総合的な学習の時間の全体計画を作成するにあたって、特別のことをゼロから作り始めるのではなく、日常の実践を整理・構造化し、関連付けることから始めた。そして、数年にわたり各種研究指定を受けたことにより、それらの研究活動がミドルリーダーのモチベーションを維持することにつながった。PDCA サイクルを粘り強く回し続けることによって、総合的な学習の時間の充実、読書活動の推進、部活動の充実、生徒会活動の活性化と多くの教育活動に実践範囲を広げることにもつながったと考える。

　研究を進めるにあたり、多くの視察研修や外部講師による講演会を実施した。日常の実践の中では触れることができない先進的な取組を学ぶことによって、教員自身の意識改革につながり、長期間の取組を続けてこられたと考える。

探究する特別活動を基盤に
誰一人取り残さず
全員が挑戦する学校

カリキュラム・デザインからはじめる

香里ヌヴェール学院高等学校　校長　池田靖章
探究科主任　阪本恒平・平田紅梨子

1　学校紹介

　本校は、1921（大正10）年にフランスのヌヴェール愛徳修道会の修道女7名によって創立されたカトリックミッション校である。大阪の寝屋川市で「愛・奉仕・正義」の精神をもとに品格ある女子教育を行ってきた。そして2017（平成29）年4月、本校は教育内容、カリキュラム内容を一新し、男女共学校として今までの教育観をバージョンアップさせ、21世紀に生きる生徒たちにとって「必要な力」を育成することを鮮明に打ち出した学校改革をスタートさせた。

創立者
メール・マリー・クロチルド・リュチニエ

　2017年度の男女共学化を中心とした本校の教育改革は、主に3つの柱から構成されている。

香里ヌヴェール学院高等学校　学校改革3つの柱
　①グローバル教育（英語教育）
　②ICT教育（iPad教育）
　③探究的な学習（21世紀型教育）

---

①グローバル教育

　英語教育では、英語の教科指導だけでなく、音楽や美術などの教科においてネイティブ教員を配置し、「使う英語」を意識したイングリッシュコースを創設した。また、進学先においては、世界中の大学と協定を

結び、海外大学進学を本当に実現できる学校を目指している。そして現在、高校3年生の進路先としてオーストラリア、アメリカはもちろん、韓国、マレーシアなどアジアに進学を予定している生徒もいる。今後も国内の大学だけでなく、海外を含めた様々な選択肢を生徒自らが自分ごととにして選択でき、自己を探究できる学校を目指し続ける。

韓国　　　　　　　　フィリピン　　　　　　　マレーシア

② ICT教育

本校ではiPadを導入し、タブレットを活用した教育を実現している。探究的な学習を行う上で必要な道具の1つとして、教員・生徒がICTを認知し、どのように使うのかを模索しながら
ら、使い方を含めた将来に「必要な力」を育成している。ICT機器の良さは、教科指導が格段に指導しやすくなっただけでなく、視覚的な素材を加工したり、動画を作ったりと、特にプレゼンテーションなどの発表に面白みや深みが加わる。探究的な学習を行う上で、ICT機器をいかに"道具"として使うことができるかが鍵となるだろう。

③ 探究的な学習

本校では2017（平成29）年から探究的な学習（本校では21世紀型教育と呼称）を教育内容に盛り込み、問題解決型の学びを実践してきた。

2　実践概要

本校の探究実践は大きく分けて自己探究と社会探究の2つある。本校

では中高一貫校として、中学1年生から高校2年生の発達段階を踏まえた探究カリキュラムを意識し、自己から社会へより自分と関わること、いわゆる「自分ごと」の同心円を広くするよう設計している。図のような

「自分ごと」を軸にした探究イメージ

「自分」から「社会」へ意識を向けていく際、「家族」や「友人」、「クラス」や「学校」などの過程を通っていく。その過程の中で、いかに自分と関わっているかをメタ認知しながら自己探究し、学びを深める。

①自己探究

　学習指導要領の一節に、「探究とは、物事の本質を自己との関わりで探り見極めようとする一連の知的営みのことである。」とある。つまり、探究する際には物事の本質を「自分ごと」として捉えることが重要となる。従って、本校では自己を探究すること、自己を理解できるようになることが探究的な学習の第一歩と考える。その前提を踏まえてカリキュラム・デザインを行なった。以下の表がそのカリキュラムとなる。

自己探究のカリキュラム

テーマ	内容	主に獲得する力
自己紹介ゲーム	自己紹介	自己理解、プレゼン力
アンケートを作ろう	質問づくり	他者理解
インタビューしよう	コミュニケーション	質問力
自分史	自分の歩みを整理	自己理解、メタ認知
小中と比較しよう	経験を整理	メタ認知
エゴグラム	性格分析	自己分析
クレペリン分析	適性分析	自己分析

第2部　実践事例編／Ⅰ　カリキュラム・デザインからはじめる

「インタビューをしよう」プレゼン

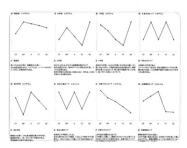

エゴグラムパターン分析

②社会探究

テーマ	内容	主に獲得する力
学校を知ろう	歴史的知識	歴史的知識
学校を良くしよう	問題解決	問題解決能力
職業インタビュー	コミュニケーション	質問力
地域活性化プロジェクト	地域連携活動	社会参画
まちの見方を変えよう	視点拡大	メタ認知
地域の問題を解決しよう	地域貢献	課題発見力
修学旅行計画プロジェクト	旅行計画書作成	プランニング力
桃山学院大学連携フィールドワーク	大学連携　2020年度開始	

先生にインタビュー

警備員にインタビュー

桃山学院大学連携協定

③教科と探究

　さらに探究の時間だけでなく、より探究心を養う活動として、教科ごとで探究活動を織り交ぜた実践を行なった。それが「教科×香里園」である。香里園とは、本校周辺の地域名であり、最寄り駅の名称でもある。その香里園を舞台に、各教科の探究的な学習を、フィールドワークを軸にして実践した。

35

> テーマ：「教科×香里園」
> 各教科に関連する「香里園にまつわるお題」の中から、自分が取り組みたいものを1つ選び、グループに分かれて調査を行う。
> 〈お題〉
> 国語：「香里園」で話されている方言の特徴を明らかにせよ
> 理科：「香里園」の街路樹の特徴を明らかにせよ
> 社会：「香里園」地域の成り立ちや変遷を明らかにせよ
> 宗教：「香里園」にある宗教施設が地域に果たす役割を調査せよ
> 数学：古代数学の手法を用いて「香里園」の建物の高さランキングを作成せよ
> 体育：「香里園」のなかで最適なマラソンルートを作成せよ
> 目的：与えられた「お題」に対して最適な「情報収集」「整理・分析」の方法を考え、実行する経験を積む。また、自分の興味・関心がどういった分野にあるのかを考えるきっかけとする。

3 カリキュラム・デザインの工夫

本校独自の「探究学習のサイクル」を創り、「調べる→客観的視点→協働→発表→振り返る」のスパイラルを年間にわたって繰り返し、探究の過程を道筋に深い学びを実現している。

探究学習のサイクル

4 カリキュラム・マネジメントの視点

具体的な工夫として、カリキュラムをデザインするためには、教育理念に照らし合わせた目標を提示する必要があると考える。本校であれば、タイトルにある通り「誰一人取り残さない」という教育観である。

まず、カリキュラムを作成するにあたり、どんな学校を創造していくのかをしっかりと全員が確認する必要があるだろう。その目標が重なり合って初めて探究的な学習のカリキュラムがデザインできる。なぜなら探究的な学習は、「総合的な学習（探究）の時間」だけではなく、各教科、行事、課外活動などとも合わさりながら深い学びを実現していくものだからだ。逆にいうと、その目標さえしっかりと共有していれば、様々な学びの場が有機的に繋がりを持ち、個としての探究的な学習が全体に広がり、学校独自の文化として根付くと考える。

5 導入するポイント

「探究とは何か」を全教職員が共通理解として持っているかどうかが最大のポイントだと考えている。特に学校の中で、探究的な学習に教育効果があるかどうか疑問になっている状況では、探究的な学習を行っている先生も苦しくなる。「なんのためにやるのか」をしっかりと議論の場に提示し、手段と目的が変わらない状況を管理職は意識して作らなければならないだろう。

また、探究的な学びを学校だけで完結することもできなくはないが、学校を超えた学びを行う必要性も感じている。その理由は、まさしく探究心の育成が社会につながるからであり、探究という科目のもつ特性ではないだろうか。学校外の地域のフィールドワークであったり、商店街や大学連携であったりと様々な視点を持ちつつ、生徒自身の可能性をどんどんと拡げていける学習だと実感している。その前提を学校で共有することこそ、もっとも必要だと認識している。

**全校生徒のタブレットを活用した
アクティブラーニングの導入で
実現する探究心の育成**

東洋高等学校　ICT教育推進委員会　住吉　巌

1　学校紹介

　本校は、1906（明治39）年に設立された、前身が商業高校で高校単独男子校だった。その後普通科のみになり、2001（平成13）年より男女共学になった。在籍生徒数が950名程度、教員は約80名である。各学年のクラス数は例年9クラスである。校舎は13階建てのビルで、9～12階にテナントを持つ、日本で最初の複合校舎の私立高等学校である。

　本校では、2016（平成28）年に試験的にAndroidタブレットを各学年1クラスに導入した。このとき、試験導入したクラスのみWi-Fiに接続するためのアクセスポイントを設置した。翌2017（平成29）年4月の新入生より機種をiPadに変更して、順次学年進行で導入し始めた。同時にアクセスポイントは普通教室全てに設置した。2019（平成31）年度より、全校でiPadをICT教育支援ツールとして使用している。

2　実践概要

　本校は非常に視聴覚設備が乏しく、PCを操作する情報教室はあるものの校舎規模の問題から視聴覚教室や多目的教室を設置する余裕はなく、選択授業を行う予備教室はなかった。教室数を増やすことができないため、ICT教育機器であるタブレットを導入することが教室不足をカバーする方法であった。また、タブレットを使用することは、アクティブラーニングの取り入れによる生徒の学習に対する姿勢の向上だけでな

第 2 部　実践事例編／Ⅱ ICT を身近なツールにする

く様々な相乗効果を産むのではないかと期待された。

　しかし、いくつかの問題があった。まず、多くの教員がタブレット使用に慣れていないため、すぐに全校での導入には踏み込めなかった。教員の中にはスマートフォンを使用している者もいたが、タブレットのアプリを使用していくには、何度か研修会を開き、扱い方に慣れてもらう必要があった。そのため、学年ごとに導入することで、生徒も教員も徐々に慣れてもらい、1 年目に使用した教員が次の学年の教員に使用上の困難な課題、有効な活用方法を教えることで、その効果はあった。

　次に、通信環境の問題があった。2001（平成13）年に新校舎を建設したときに、全校舎に有線でのネットワーク配線は完了していたため、幸いにも大々的な工事は必要なかった。しかし、タブレットはセルラーモデルで携帯電話の回線も使用できるが、通信量や通信環境に限界があるため、Wi-Fi 環境が必須であった。そのために、アクセスポイントの設置やインターネット回線の見直しなど、タブレットの使用前の準備に思った以上に手間と時間がかかった。

　さらに、全校で iPad を導入し、どのように使用するかの構想計画であった。授業で使用するのはもちろんであるが、高大接続入試や進路への探究心育成のためにどのように使用できるかを検討した。

　本校での独自のシステムやアプリがないため、実際には外部から提供されているアプリなどの選定する必要があった。実際の運用には、タブレット自体のハード管理、使用するアプリのソフト管理、および生徒情報管理などが必要であるため、使用したいと思ってもすぐに思ったように使えないものもある。現在、本校では、ベネッセコーポレーションの「Classi」「ハイスクールオンライン」、株式会社 loilo の「ロイロノートスクール」を中心に使用している。

　これらのアプリやシステムを使用することで、生徒の探究心を高めるための生徒全体への情報の発信やアンケートの実施、生徒のレポート回収を行うことができている。また、今までは担任や授業担当者が生徒の

39

実績や生徒について気が付いたコメントを残そうと思うと、メモやメールで発信するが、なかなか指導要録にまで書ききれないこともある。このようなアプリやシステムを利用すれば、生徒の情報を教員であれば、誰でもいつでも残すことができ、年度が変わっても参照することができるため、生徒のきめ細かい指導や高大接続入試のために活用することができる。生徒の探究心を高めるだけでなく、教員も生徒個々の情報管理がしやすいのである。

3 カリキュラム・デザインの工夫

(1) タブレットでのアンケート調査は大きな武器

　進路部による進路探究のための調査は頻繁に行われている。例えば夏休み期間中の「企業インターンワーク」参加について行われた調査がある。インターンワークに参加申し込み、参加した後のレポート提出など、タブレットを使用すると全生徒に同時に配信できるだけでなく、アンケートの回答・集計やレポートの回収まで行うことができる。教員だけでなく、時間の制約を受けずに回答・提出ができるため生徒の負担も軽減できた。同時にペーパーレスであるため、資源環境にも優しい。

　次の例は、大学出張講義や大学入試説明会（夏・秋）の際の聴講希望大学を選択するアンケートである。複数の大学に依頼して、本校で入試や大学の特徴をお話いただいていたのだが、どの大学の説明を聴きたいかというアンケートを行った。結果はすぐに、ネット上に表示されるので、何人の生徒が参加するかがわかる。

(2) 全校生徒が iPad を使って、学習を深められる

　本校では伝統的に家庭学習の記録（学習した科目や時間、その週の達成度や感想）を紙ベースで行っていた。Classi にも家庭学習の記録を入力できる機能があり、担任及び副担任だけでなく教員であれば全てのクラスを参照することができるため、授業でかかわる生徒の学習状況を確認し、コメントを残すこともできる。このため、今までは週に１度、用

紙を提出した生徒の分しか、学習時間の確認やコメント記入ができなかったが、いつでも誰でもコメント記入もでき、情報を共有できる。

（3）学年によるアクティブラーニングでの活用

　学年集会などにおいて、進路指導や修学旅行事前学習を行うときに、生徒全員が資料を手元で見ることができる。通常は、プリントを配布したり、パワーポイントなどで作成した資料をプロジェクターで映し出したりするが、白黒でわかりづらかったり、文字が小さくて見えづらかったり、暗くてメモが取れなかったりする。さらに、iPad を持ち運べば、体育館から教室へ、のように場所を移動して、別のグループで学習を発展させるときでも資料を持ち運ぶことができる。

　また、一人ひとりが iPad を所持しているため、学習したことに対してのプレゼンテーション資料を作成し、教室でも体育館やホールでも発表をすることができる。

　本校では災害時、緊急時のために、メールによる緊急連絡網を使用しているが、ホームルーム単位や学年単位でのメール配信は生徒への連絡が容易にできる。

4 カリキュラム・マネジメントの視点

（1）授業でアクティブラーニングに役立つ活用法

　授業で使用するプリントを印刷せずに、PDF で配付することができるため、紙の節約にもなる。グループごとに異なるプリントを配信すれば、グループ学習に効果的である。また、紙媒体だけでなく、理科の実験映像を各端末で見せることができる。学校により設備が異なるため、生徒の目の前で行えない（時間や環境などが不足のため）実験を映像で確認できる。さらに、配付だけでなく回収もできるため、問題演習を行ったとき、生徒が解答したものを回収し、添削した後、その生徒に返却をしたり、画面上で複数の生徒の解答を共有したりすることができ、より理解を深められる授業を展開することができる。

プロジェクターで表示をしても小さすぎる文字を含む画面を、教員の端末から生徒全員の端末に表示することができるため、授業をスムーズに行うことができる。また、配付が必要な場合でも、プロジェクターへの接続が容易なため、写真や動画などの資料、解答を共有するために回収した解答を簡単に映し出すことができる。あわせて、授業で生徒が発表をしているところを iPad で動画撮影し、別のクラスの生徒に例として見せることができる。

（2）生徒会活動等でのアクティブラーニングに役立つ活用法

　学園祭や生徒会行事に生徒が取り組む計画や連絡、記録などを関係生徒全員が共有できる。全体での活動は全校集会で行われるが、情報の共有や一人ひとりの取組が異なるときでも、それぞれが必要な情報を参照することができる。

　また、部活動や委員会において、連絡が必要な時に教員や生徒が個人の情報を公開せずに、グループトークができる。グループトークのグループには必ず教員が入るため、いじめなどの問題発生を抑えられる。

5 導入するポイント

　タブレットを購入品にするかレンタルにするかが問題であった。購入においても Wi-Fi モデルかセルラーモデルかという選択肢もあった。最終的には、破損・紛失時の保護者の負担が大きい、自宅でも生徒が使用できるという点から、レンタル方式でのセルラーモデルを採用した。当初は、Android 端末であったが、教育アプリの使いやすさ、管理のしやすさから全校導入は iPad に決定した。iPad は本校が携帯電話会社からレンタルをし、生徒に貸与する形式にしている。Wi-Fi モデルは、学校で Wi-Fi に接続する際にセキュリティが確保できないため見送った。iPad は MDM（モバイルデバイス管理）により端末を管理している。

　iPad で使用するアプリは、iPad の管理を行う部署の教員がリモートにより手動で行う。そのため、生徒及び教員はほしいと思ったアプリを

自由にインストールすることはできない。

　全生徒および全教員が ICT 教育のツールである iPad を持ち、それを利用して、教員にとって教科、ホームルーム、学年、進路、生徒会活動のための生徒指導に幅広く使用できるようになった。加えて、教員同士での連絡のために活用することも可能になった。利点のうちの大きなポイントは、教員、生徒のどちらも個人情報を公開することなく、お互いに連絡をとれるようになったことだ。

　また、アプリの使用方法の工夫で、1 つのアプリではできないことを複数のアプリを使用することで可能になった。

　環境整備としては 1 クラス40名が同時に接続したときの接続状況を改善させるために、複数回線を導入した。

　さらに、複数クラスが同時に接続するとなかなか繋がらないときもあるが、常に同時の接続ではないので、授業における問題はない。ただし、OS やアプリのバージョンアップを行うときは、タイミングを見計らって、学年別、クラス別に対応した。

　また、iPad には、使用する時に入力するパスコードを設けた。全員同じパスコードを設け、万が一、学校外で第三者に触れられるときの個人情報流出を防ぐ対策にした。

　導入前は複数部署で協議し運用方法を決定するのに要した時間が最も長かった。iPad をどのように生徒に使用させるか、使用時の注意点などだが、最近の生徒はデジタルデバイスの使用方法をよく知っている。

　トラブルを防ぐために、Youtube やニコニコ動画などの動画サイト、ツイッターやインスタグラムなどの SNS へのアクセスを禁止している。

　導入当初は手さぐりであったため、使いながらルールや運用方法を変えていかざるを得なかった。たとえば、AirDrop（自分の端末から認識された別の端末へデータを送る機能）はいたずらをする生徒が出た時に、非常に便利な機能だが、現在は使用できない状態である。また、トラブル防止のために端末の名前を変えることができないよう設定している。

タブレットを活用した1・2年全員で取り組む探究活動

東京都立町田高等学校　指導教諭　小原　格

1 学校紹介

　本校は、東京都町田市の住宅街に位置する、地域に根ざした学校である。全日制・定時制併設校であり、ここでは全日制についての事例紹介となる。

　東京都教育委員会から進学指導特別推進校の指定を受けている都立有数の進学校でもあり、地元にいるたくさんの同窓生をはじめ、地域からの信頼も厚い。幅広い視野の教養教育を重視し、1コマ45分、1日7時間授業を通して、1・2年では全生徒が芸術以外のすべての科目を共通履修する。従前よりICTの活用が積極的に行われており、研修推進校、IT支援校、ICT活用推進校など、ICTに関連の深い事業の指定も受けてきている。また、近年は、国際交流リーディング校、持続可能な社会づくりに向けた教育推進校などの指定を受けるなど、広い視野を持ち、国際社会でリーダーとして活躍できる人材を育てることを目指している。

　2016（平成28）年度より「調査探究活動」として、生徒が各教科等の見方・考え方を働かせ、「主体的・対話的で深い学び」を通して思考・判断・表現しながら課題解決を図る取組を推進するとともに、平成30年度から、年次進行で生徒一人1台の4Gセルラータイプのタブレット端末と教育用クラウド「Classi」を導入し、特に探究活動時のグループワークや調査活動の効果的なツールとして役立てている。

　タブレット端末については、各教員の指示のもと、授業で自由に活用

されており、生徒どうしの教えあいも盛んにおこなわれている。また、小テストやアンケートなどにも幅広く活用されている。

2 実践概要

本校の「調査探究活動」は、1・2年の「総合的な学習の時間」や「総合的な探究の時間」計2単位の枠組みで行われ、一部、土曜日などに集中的に行われている。全体を大きく4つのステージに分け、1年では探究活動の基礎を、また、2年では本格的な探究活動を進めている。

(1) 1年での探究活動

1年では、「調査探究活動」の意義や重要性を認識し、読書などを通じて教養を深め、探究の基礎となる「問題」のとらえ方や発見方法、情報収集・分析方法などを身につけるとともに、自ら問いを立て、研究計画を立て、簡単な実践を通しながら探究のサイクルを理解することを目標としている。前半には探究の心構えや基礎的な知識技能を、後半には小規模だが一連の探究活動を行う。また、東京都が指定する教科「人間と社会」についても総合の中で実践する方法を取り入れている（表1）。

表1　1年の探究活動

	主な内容（抜粋）
ステージ0 （1年前半）	探究の基礎と心構え ・オリエンテーション（探究活動全体の流れの説明） ・情報モラル（情報の特性、法規など） ・支え合う社会（人間と社会） ・学ぶことの意義（人間と社会） ・問いを立てる、情報源、研究倫理　　　　　　など
ステージ1 （1年後半）	小規模な探究活動と流れの理解 ・オリエンテーション ・テーマ決め、計画作成、文献調査、フィールドワーク ・中間発表 ・2年生の発表見学と質問 ・発表資料作成 ・発表と振り返り　　　　　　　　　　　　　　など

（2） 2年での探究活動

　2年では、実際にグループで自分たちが興味関心のある教科横断型の課題を設定し、問いを立て、互いにコミュニケーションを取りながら課題探究活動に主体的・協同的に取り組み、自己の生き方やキャリアについて探究していくことを目標としている。

　1年での成果や反省を生かし、2年では1年間かけて探究活動を行い、年度末に外部公開のポスター発表を行うとともに、グループで4ページの論文を仕上げ、さらに一人400文字程度の体験集を作成する。この体験集が個人のポートフォリオとなり、自分自身の学問へのモチベーションへとつながっていくことを期待している。なお、前半にはフィールドワークの日を設定し、生徒が1日校外調査を行うための日も設けている（表2）。

表2　2年の探究活動

	主な内容（抜粋）
ステージ2 （2年前半）	探究活動の企画と推進 ・オリエンテーション（2年探究の流れの説明） ・予備調査、テーマ決め ・本調査 ・フィールドワーク ・中間発表 ・他校との交流会　　　　　　　　　　　　など
ステージ3 （2年後半）	探究活動の発表とまとめ・振り返り ・論文作成説明会 ・発表資料作成 ・論文執筆 ・ポスター発表 ・論文の提出 ・振り返りと体験集作成　　　　　　　　　など

3 カリキュラム・デザインの工夫

（1） タブレットの積極的な活用

　本校では、探究活動にタブレットを積極的に取り入れている。

タブレットの具体的な活用場面として、次のようなことが挙げられる。

①インターネットによる調査
②調査内容や進行状況の記録
③フィールドワーク等における写真・動画など資料の撮影
④グループ内の情報共有
⑤振り返りアンケートへの回答
⑥教員からの資料配布

①②③については、一人1台の端末を持つことにより、各班の活動の自由度が格段に上がっている。本校では学年8クラスが一斉に探究活動に取り組むため、導入前までは、コンピュータ教室や都から配備された40台のPCがあっという間に埋まり、ネットでの調査に大きな制限があったが、一人1台の体制になってからは、各教室で互いにタブレットのサイトを見せあいながら議論するなど、活用の幅が広がっている。

④⑤⑥についてはClassiの活用によるものである。Classiのグループ機能によりデータ共有ができるため、各班の調査したURLなどの内容や、フィールドワークで撮影した写真、論文やスライド等のデータを気軽に班の中で共有させることができる。各回の終了時には、アンケート機能を活用し、毎時間の個々の取り組みを振り返らせることも行っている。また、全員に指示やデータをすぐに配信することができるため、全体オリエンテーションでの資料や論文のフォーマット、また、各回でのポイントなども、手元に残る形で手軽に周知することができている。

これらのように、教員と生徒、また生徒同士の情報共有をすぐに着実に行うことができ、タブレットPCとClassiは、探究活動を行うにあたり、もはや無くてはならないツールとなっている。

4 カリキュラム・マネジメントの視点

（1）校内体制・教科等との連携

本校では、校務分掌に位置付けられた「調査研究・研修部」が中心となり、全体統括や生徒指導、連絡調整等を行っている。また、生徒によ

る「探究委員会」を組織し、クラスの探究委員がリーダーとなり、できるだけ生徒が主体的に自分たちで探究活動に取り組んでいけるように配慮している。そのため、教員はあくまでも助言者として、一部を除いた全教員が第三者的な視点で発表等について助言し、また、各教科は生徒の要望に応じて専門的な観点から研究の助言を行っている。さらに、1年の各授業において、グループワークに必要な問題解決や分析等のスキルを身に付けるとともに、発表活動やグループ活動を積極的に行うなど、生徒のグループ活動をスムーズなものとしている。

このようにすることで、毎年継続的に探究活動が行われるようになっている（図1）。

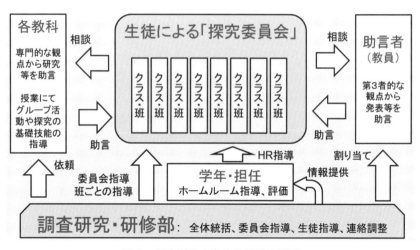

図1　探究活動を進める組織の概要

（2）教育情報部・ICT支援員

タブレットPCの活用を推進するために、教育情報部がタブレットPCの教員研修やメンテナンス窓口となっている。また、ICT支援員を独自に契約し、生徒の修理対応や質問、教員研修の際の講師として活用している。

5 導入するポイント

(1) 担当分掌による体制とノウハウの伝承

本校では、本格的な探究を進めるにあたり、新分掌である「調査研究・研修部」が新たに組織され、探究活動をサポートする体制が整った。分掌が全体統括をすることにより、学年間による指導のばらつきを防

冊子を発行

ぎ、また、ノウハウを蓄積させやすくなっていると考えられる。

(2) 生徒の力を引き出す

生徒の委員会を組織させ、探究の時間や発表会での司会、体験集の作成など、積極的に活動させるようにしている。できるだけ教員はアドバイザーに徹する形にすることで、生徒の主体性を引き出している。

(3) 無理せず「組織」や「しくみ」で解決する

本校ではいわゆる「ゼミ形式」にはせず、生徒の活動を主体とし、教員は「助言者」であり発表に対する指導を行う、という形で、各教員の負担感を減らすようにしている。

(4) 外部の力を積極的に借りる

「探究講座」として、外部の識者に探究の意義を話していただくなど、生徒の探究に対する意識を高める工夫を施している。また、フィールドワークでは、積極的に外部調査に出向くよう指導している。

(5) ICTを活用する

タブレットを効果的に活用することにより、探究活動が非常に進めやすく、また効果的に行うことができる。生徒も積極的に活用している。

(6) 外部に公開する

外部に公開することで、良い意味で生徒に緊張感も走り、また、達成感も感じさせることができると考えられる。

外部公開のポスター発表

ICT を身近なツールにする

3 SNS オンライン・コミュニティを活用した「深い学び」―生徒が人生において「見方・考え方」を自在に働かせられるために―

奈良女子大学附属中等教育学校　ICT教育推進担当・進路指導部主任　二田貴広

1 学校紹介

　本校は、1911（明治44）年、奈良女子高等師範学校附属高等女学校として創設された。2000（平成12）年、国立大学附属学校としては最も早く中等教育学校となる。前期課程（中学）1学年3クラス、男子184名、女子183名、後期課程（高校）1学年3クラス、男子181名、女子178名である。

　奈良女子大学附属中等教育学校は、大正自由教育の流れを汲んだ「自主」「自立」の精神にもとづき、探究的な学びを大切に、時代に向き合ったさまざまな取り組みを続けている中高一貫の中等教育学校である。また、奈良女子大学と連携した教育研究の先進的な実践校、教員を志す学生や現職教員のための教員研修の拠点、という性格も持ち合わせている。そのため、2005（平成17）年に、スーパーサイエンスハイスクール（SSH）に採択された際に、当時ではまだ珍しかった生徒用iPadの購入や校内無線LANの整備を行った。

　前述のように、先進的な取り組みを推奨する校風があり、また、生徒用iPadの購入や校内無線LANの整備がスーパーサイエンスハイスクールの予算によってなされていたため、本稿でご紹介するSNSを利用した実践に取り組む環境がはやくから整備されていた。

2 実践概要

　本稿では、SNSオンライン・コミュニティが実現する「深い学び」について、2つの実践の紹介を通して説明する。本稿でいう「深い学び」とは、「学習過程を経て、既存の知識・技能が構造化・概念化され、社会生活で活用できる汎用的能力を向上し発揮できるようにデザインされた学び」（新しい学習指導要領等が目指す姿：文部科学省を基にまとめたもの）のことである。

〈実践その1〉

　「SNSを使って、クラス全員の意見を共有しよう－web上の言説と新聞の言説を比較し、比較から導き出せる最適解を共同して創る－」

対象者：高校2年生

使用したSNS：ednity（エドニティ）。無料で利用でき、教員が作ったグループ内でのみやり取りする「閉じた」SNS。

● **学習の概要**（50分×6回）

①ひとりひとりの生徒が、NHK『ニュース7』の「子供の貧困」をテーマにした特集（2016年8月18日放送）に登場した女子高生に関するweb上の言説や関連する相対的貧困に関する言説を探し、ednityのグループのスレッドに投稿する。

②ひとりひとりの生徒が、web上の新聞記事や新聞記事検索サービス（例：朝日けんさくくん）を用いて新聞での上記①と同様の言説を探し、ednityのグループのスレッドに投稿する。

③ひとりひとりの生徒が、上記①②で収集したweb上の言説と新聞の言説を比較し、双方の特徴（メリット・デメリット等）を明らかにした上で、今後自分たちがよりよく生きていくためにweb上の言説や新聞の言説をどう利用していくのかというコンピテンシーを投稿する。

④上記③のグループ員全員の投稿を通覧し、リアルで答えが一つではない「今後自分たちがよりよく生きていくためにweb上の言説や

新聞の言説をどう利用していくのかというコンピテンシー」について、グループ員全員で検討しながら、現時点での最適解（よりよい納得解）を導き、ednity に投稿する。

〈実践その2〉

「SNS を使って、小学生にアドバイスしよう－アドバイスを通じて自己の表現スキルをメタ認知し『使える』ようになる－」

対象者：高校1年生

使用した SNS：ednity（エドニティ）

●学習の概要（50分×6回）

①小学生の調べ学習などの発表資料の画像データや PDF、発表風景を撮影した動画のリンクなどを小学校の教員が ednity に投稿する。

②ednity に投稿された発表資料の画像データや PDF、発表風景を撮影した動画を高校生が見て、ア「発表の目的」、イ「表現の工夫、特に発表の目的を実現するものになっているか」といった観点から評価する。

③高校生は自分たちが評価した内容を、「小学生の発表をよりよくすること」「小学生が自己の表現を改善する意欲を持てるようにすること」が実現できるように表現を工夫して伝える（グループで工夫を議論する）。この小学生へのアドバイスは ednity に投稿して伝える。

④小学校の教員は、高校生のアドバイスを自校の児童に合うように取り上げ、小学生の表現をブラッシュアップさせて、再度 ednity に投稿する。

⑤高校生は、再度投稿された小学生の発表資料の画像データや PDF、発表風景を撮影した動画を見て、自分たちのアドバイスのどの部分が有効に働いたのか、あるいは働かなかったのか確認し、その理由を考える。

3 カリキュラム・デザインの工夫

　2022（令和4）年度から実施される高等学校学習指導要領では、深い学びのキーとして「見方・考え方」を働かせることが重要になると指摘されている。国語科では、言葉による「見方・考え方」を働かせ、言語活動を通じて、国語で的確に理解し効果的に表現する資質・能力を育成することが重要である。

　この前提から、本稿で紹介した実践は、下記のようにカリキュラムに位置づけた。

> ①小学校から国語科で育んできた、目的と他者意識をはっきりとさせて、目的を実現できるように表現を工夫する表現力を自分がどう身につけているかメタ認知し、今後の自己表現に生かしていけるようにする。
> ②また、小学生という相手へアドバイスすることを通じて、他者を意識した表現の工夫をする態度と能力を向上させる。
> ③自己の表現にさらに生かすために、クラスメイトと同じテーマについて調べた内容及び調べたことから考えた意見を交流する。

　なお、本稿で紹介した実践では、「インターネットでのバッシング」をテーマとすることで、デジタル社会でのメディア・リテラシーも向上できるようにデザインし、国語科の学習と社会をつなぎ、生徒が人生において「見方・考え方」を自在に働かせることができるようにもした。

　このことにより、習得・活用・探究という学びの過程の中で、国語科の特質に応じた「見方・考え方」を働かせながら、知識を相互に関連付けてより深く理解したり、情報を精査して考えを形成したり、問題を見いだして解決策を考えたり、思いや考えを基に創造したりすることに向かう「深い学び」を実現し、かつ、国語科の学習と社会をつなぎ、生徒が学習や人生において「見方・考え方」を自在に働かせることができるようにカリキュラムをデザインできた。

4 カリキュラム・マネジメントの視点

カリキュラム・マネジメントの視点から他の教員も SNS の活用がしやすくなるような利点・観点を明確に示し、授業を公開した。その結果、社会科の教員をはじめ校内での活用が進んだ。教科の学習だけではなく、学園祭などの学校行事での意見集約の場としても活用された。また、公開授業や授業実践の公開、他校の児童生徒との協同学習の場としての SNS の利用により、他校でも SNS の活用がなされるようになった。

このことは、下記の利点・観点が、教員個人のみならず、学校が抱える課題の解決に SNS が資することを示している。

● SNS の利点

初発の感想などを紙に書かせると、①集めて、②印刷して、③配布する、という手間がかかるが、ednity なら、投稿した瞬間からクラスの全員がお互いの感想などを見ることができる。単元の最後で再度感想を書かせた場合、初発の感想との比較も画面上でできてしまう。

画像データや word、PowerPoint、PDF などのデータも投稿できるので、課題の提出等に利用できる。論述した意見や意見交流の様子、共有したデータを 1 年後、2 年後に振り返ることも容易にできる。

● SNS を学習に用いる際の観点

生徒たちの意見を授業者と生徒が授業で投稿した際に瞬時に共有でき、「対話的な学び」の実現が容易である点である。

SNS という、生徒の日常のコミュニケーションツールであり、かつ、社会的にも情報共有や情報発信のツールとなっている情報共有・情報発信ツールの有意義な利用方法を体験的に生徒が知ることで、「教育課程を通じて子供たちが複雑で変化の激しい社会を生きるために必要な力の育成」が可能になる点である。

5 導入するポイント

　SNS の学習活動への利用に際しては、下記の懸念が教員の間に強くあった。

　「生徒指導上の問題となっているような、おふざけやからかい、炎上が生じるのではないか？　学校での学びのツールがそうした生徒指導上の問題を引き起こすのではないか？」

　実際に、SNS の利用を始めた当初、一部の SNS に慣れている生徒しか意見を投稿しなかったり、ごく短文の感想や意見しか書かれなかったり、下に示したような「おふざけ」が投稿されたりした。

SNS に「おふざけ」の投稿

　生徒に自由に「チャット（短いコメントを生徒がお互いにしあうこと）」を最初からさせると、個人名が表示される状態であっても、私的に利用していると同じと生徒はみなし、必ずふざけたりする。

　しかし、SNS の使い始めの何度かの授業では「課題への回答の投稿」のみをさせ、学習活動をきちんと行う場だと認識してもらうと、おふざけやからかいが発生しない。

　このように、先生方の懸念を払拭する生徒の現実とそれを実現する方法を明確に示すことが、導入に効果的である。

　また、上述した通り、紙などの従来の方法と比較して教員の手間が減り、使える時間が増えることや、スマートフォンを持つ生徒ならば、登下校の電車の中や自宅でも投稿が可能であること、欠席した生徒が自宅で他の生徒の活動を見ることができることなど、利点を説明した。

ICTを身近なツールにする

4 タブレットとPC活用による深い学びと探究的な学習

佐賀県立致遠館高等学校　教諭　大塚健一朗

1 学校紹介

　本校は、「ICT利活用教育」による学習用パソコンや電子黒板等のICT機器を用いて、学校教育目標の実現に向けて学習指導の工夫改善に取り組んでいる。また、本校は、2006（平成18）年度からスーパーサイエンスハイスクール（SSH）に指定されており、2017（平成29）年度の指定からは、理数科の課題研究について研究開発した指導法や教材を普通科の探究活動に活用して、学校全体で主体的・対話的で深い学びについても研究開発及び実践に取り組んでいる。

　本校は普通科と理数科の2学科があり、普通科各学年3学級、理数科各学年3学級で構成している。

　教育方針は「世界の中の日本人として、未来社会の文化の創造と発展に力をつくす、豊かな人間性と進取の気性に富む若人を育てる。」ことである。

　校訓は「Cultivate　Create　Challenge」である。

　教育目標は次の通りである。

　ア．師弟同行し、いきいきとして風格のある校風を創造する。

　イ．自由と規律を調和し、他者への思いやりにあふれた心豊かな人間を育てる。

　ウ．日々の授業を充実して、自ら学び、考え、行動する姿勢を培う。

　エ．ゆとりある中で個性を活かし、一人ひとりの能力を最大限に伸ば

す。

オ．心身を練磨して、たくましく生きる気力と体力を涵養する。

　佐賀県教育委員会は、これからの時代に対応した教育の実現に向けて、2011（平成23）年度から全県規模で「ICT 利活用教育」を導入し、学習用パソコンや電子黒板等の ICT 機器を利活用した教育を推進している。

　学習用パソコン（タブレット PC）は県から生徒1人に1台貸付されている。電子黒板は各教室に1台設置されている。無線 LAN は各教室前後にアクセスポイントを設置し、1教室最大50台程度の接続が可能である。

2 実践概要

（1）本校の SSH の取組における探究的な学習

　本校では、探究的な学習として、理数科の生徒は科目「SSH 研究Ⅰ〜Ⅲ」で課題研究に取り組み、普通科の生徒は科目「SSH 探究Ⅰ〜Ⅲ」で探究活動に取り組んでいる。いずれも、自分で仮説を設定し、実験や調査等によってデータを収集し、データに基づき仮説を検証し、探究した内容を発表する、生徒主体の学習活動を行っている。

科学的人材を育成するプログラムの研究開発及び実践

【スーパーサイエンスハイスクール】
　佐賀県立致遠館高等学校は、文部科学省によるスーパーサイエンスハイスクール（SSH）に指定されている。平成29年4月からは「新しい価値の創造に向けて挑戦する科学的人材を育成するプログラムの研究開発及び実践」の研究開発課題のもと、課題研究や探究活動を軸として、「主体的・対話的で深い学び」を含めて研究開発及び実践に取り組んでいる。

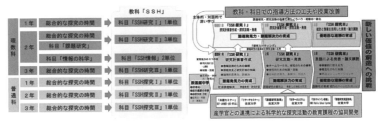

（2）プレゼンテーションのツールとしての ICT 機器の活用

理数科では課題研究のポスターや報告書等の作成にタブレット PC を活用している。また、ポスター発表時にタブレット PC に実験の様子を動画で提示する等、視覚的に理解を促す手段として活用するケースも多い。

課題研究発表でのタブレット PC 活用

普通科の探究活動でも成果物の作成やプレゼンテーションにタブレット PC や電子黒板を活用している。

タブレット PC を活用した成果物作成を通して、協働的な学習による思考力・表現力の育成が促されている。

探究活動のプレゼンテーション

（3）情報収集のツールとしての ICT 機器の活用

生徒主体の課題研究をより充実したものにするために、生徒が主体的に仮説を設定することが欠かせない。生徒は、タブレット PC を活用して文献検索を行い、先行研究をもとに仮説を設定し、その検証に取り組んでいる。

「探究ミーティング」の様子

探究活動でも、先行研究等の情報を収集したり、仮説を検証するための統計データを入手したりすることが求められる。普通科1・2年生の生徒はそれぞれ年6回「探究ミーティング」という学習活動で、主体的に探究活動に取り組むために求め

られる基本的な考え方やスキルについて学習している。前年度の学習の状況をもとに、今年度は、タブレットPCを用いた情報収集の方法について、以下の3点について重点的に学習して、探究活動に取り組んでいる。

> ①必要な情報を入手するために普通名詞ではなく専門用語を用いる。
> ②ファイル形式（Excel、PDF等）を指定して検索する。
> ③ドメイン（mext.go.jp、mhlw.go.jp等）を指定して検索する。

探究的な学習のいわば入り口にあたる情報収集について、タブレットPCの具体的な活用方法を身に付けることで、生徒は自らの興味・関心に基づいて主体的に探究活動に取り組むことができている。

3 カリキュラム・デザインの工夫

本校では、各教科・科目の授業の質的改善に取り組むことによる、生徒一人一人の深い学びの実現を目指している。そのための授業設計に必要となる探究のプロセスについての理解や指導スキル・指導経験等を各教員が深めていくことができるよう、課題研究、探究活動、各教科・科目を関連させてカリキュラムを設計し、取組を進めている。

具体的には、ルーブリック、「作成基準表」等の探究の型、メンター制、ICT機器等を取り入れた課題研究についての指導を、「探究ミーティング」を通して、探究活動の指導に活用している。「探究ミーティング」は、普通科1・2年生それぞれの生徒を対象に実施しており、探究活動の指導に当たる教員も参加している。生徒にとってはICT機器を

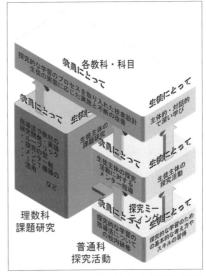

課題研究・探究活動を起点とした各教科・科目の授業改善

活用した情報収集や仮説の設定・検証といった探究的な学習のための基本的な考え方やスキルを習得する機会として、教員にとっては探究的な学習の指導法についての校内研修の機会としてそれぞれ機能している。

このような学校全体の取組としての各教科・科目の授業改善によって、生徒がそれぞれの授業で身に付けた知識や技能等を課題研究や探究活動で活用するといった、教科横断的な学びが促されるよう、今後も生徒の実態をフィードバックさせながらカリキュラム設計を進め、深い学びの実現に向けて取り組んでいきたいと考えている。

4 カリキュラム・マネジメントの視点

本校では、課題研究や探究活動の実態について調査を行い、その結果をもとに指導法や教材等を改善する取組を毎年度行っている。

例えば、以下は、本校の生徒による課題研究や探究活動の報告書の内容について一つずつ調査した結果である。

表1　科目「SSH研究Ⅱ」における課題研究の経年比較

年　度	2年生課題研究の班の数	社会課題解決や人の役に立たせるという着眼点で課題研究をしている班（%）	仮説に対応する形で結論を述べている班（%）	データから読み取れる範囲内で結論を述べている班（%）
平成30年度	22	68.2	68.2	63.6
平成29年度	23	39.1	60.9	73.9
平成28年度	25	20.0	20.0	48.0
平成27年度	23	21.7	30.4	56.5

表2　科目「SSH探究Ⅰ・Ⅱ」における探究活動の経年比較

年　度	学年	探求活動の班の数	社会課題解決や人の役に立たせるという着眼点で課題研究をしている班（%）	仮説に対応する形で結論を述べている班（%）	データから読み取れる範囲内で結論を述べている班（%）
平成30年度（2018）	2年生	30	56.7	26.7	30.0
	1年生	29	65.5	3.4	3.4
平成29年度（2017）	2年生	31	48.4	16.1	22.6
	1年生	31	100.0	9.7	6.5

表1に示すように、2016（平成28）年度では「仮説に対応する形で結論を述べている班」が20.0％と少なかった。この結果をもとに校内で検討し、生徒が仮説を設定するための十分な情報を得ることができていないケースがあるのではないかという結論に至った。この課題解決の一つとして、先行研究等の情報収集や統計データ入手のためのタブレットPCの具体的な活用方法について指導に取り組んでいる。

今年度の取組について調査したところ、ファイル形式やドメインを指定した検索についてやや課題を残す結果となっている。今後も生徒の実態調査と指導法・教材の改善を繰り返すことで、より良いカリキュラムの設計につなげていきたいと考えている。

5 導入するポイント

（1）学校教育目標の実現に向けた具体的な取組を設定

本校では、各教科・科目の授業の質的改善に取り組むことによる、生徒一人一人の深い学びの実現と設定して、授業設計に必要となる探究のプロセスについての理解や指導スキル・指導経験等を「探究ミーティング」や探究活動での指導を通して深めることとして取り組んでいる。

（2）探究的な学習の指導法についての校内研修の機会を設定

本校では、年6回の「探究ミーティング」に、探究活動の指導に当たる教員が参加している。探究のプロセスについての理解を深めることで、各教科・科目の授業担当として深い学びの実現に向けた授業をデザインしやすくなることを目指している。

（3）生徒の学習の実態について調査し、指導法や教材等を改善

本校では、生徒による課題研究や探究活動の報告書の内容を一つずつ調査し、その結果をもとに校内で検討し解決するべき課題を見出している。タブレットPCの具体的な活用方法について指導した後も生徒の実態を調査し、今後の指導法・教材の改善に活かしていく計画である。

III キャリア教育を中心に展開する

1 キャリア教育の視点で取り組む

横浜市立横浜総合高等学校　主幹教諭　キャリアガイダンス部　主任　近藤哲史

1 学校紹介

　本校は、午前部・午後部・夜間部それぞれに生徒が所属する、三部制定時制の総合学科高校である。単位制のため、選択授業を多く設定することで、定時制ではあるが3年間で卒業することができる学校である。

　自分のペースで学ぶことができる点や個々に応じた時間割がデザインできる点が、様々な理由から働く時間を必要とする生徒、小中学校時代いじめの被害や不登校を経験した生徒、家庭環境から学校に行く時間が限られる生徒など、多様な背景と課題を持つ生徒達に広く受け入れられている学校でもある。一般的な「学校の常識」に適応できなかった生徒たちにとって、非常に通いやすい環境であるともいえる。

　進路状況は就職と専門学校進学が多く、キャリア教育にかかる期待は大きい。かつては、進路未定のまま見通しなく卒業していく生徒が4割に上る学校でもあった。この状況に変化が起きたのが7年前の校舎移転で、新天地の横浜市南区大岡地区は、約270mの弘明寺商店街を擁する門前町である。「この地域に受け入れられるために」行ったキャリア教育の実践が、現在、本校が行っている「地域課題解決型探究学習」の土台となっている。

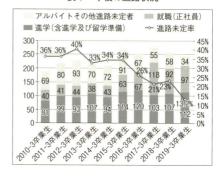

表1　本校の進路状況

2 実践概要

　本校のキャリア教育の概要について、まず、1・2年生に向けては、小・中学校時代に抱えた様々な課題や背景を考慮し、「主体性」と「コミュニケーション能力」の育成を主軸に地域連携を交えた実践を行っている。その上で卒業年次に至り、前期の就職や進学の実践的な授業を経て、後期に高校卒業後のキャリアを見据えた最終単元に入っていく。

　単元名を「コミュニケーションとプレゼンテーション」とした、地域課題解決型の協働的な探究学習のカリキュラムである。高校卒業後に訪れる最初の危機は「早期離職」と「途中退学」である。これを防ぐため、様々な悩みや課題を同僚や上司に「伝える力」と、助言やアドバイスを「聴く力」を次のように設定した。徹底したアクティブラーニング型の授業を展開する中で、コミュニケーションの価値を学び「聴く力」を身につけ、その課題をポスターセッション形式でプレゼンテーションする経験を通し「伝える力」を身につけること。これがキャリア教育の視点で展開する本校の探究学習の起点である。次に単元の展開を紹介する。

① オリエンテーション（10月下旬）

　商店街や区役所等地域の方々との打ち合わせの中から見えてきた地域課題を、入念に作り込んだスライドで紹介する。導入の授業なので「生徒に火を点ける」プレゼンを担当者自らがまず行う。

オリエンテーション

② ブレインストーミング（11月上旬～中旬）

　その上でバトンを各学年の教員チームに渡す。すぐに調べ活動は行わせず、グループでアイデアを出すことの意味や価値を学ぶための対話的な学習を繰り返していく。100名を超える生徒を一か所に集め、学年職員がTTによって様々なワークを行う。

ブレインストーミング

③企画書作成（11月下旬～12月下旬）

　SEE-DO-GET の思考プロセスをワーク化し、発表テーマの設定を行わせながら企画書を作成する。企画書が完成すると、グループごとに調べ学習や学校外での取材に動き出していく。取材に「行かせる」指導は

図　SEE-DO-GET の思考プロセス

せず、主体的に探究活動に向かせていく支援を徹底していく。生徒たちは、地域でインタビューや街頭アンケートなど、独自の活動を展開していく。学校はそのマナー指導や事後のフォローに徹する体制を整える。

④直前準備　音読ワーク他（1月上旬）

　ポスター作製の仕上げや、当日に向けての原稿づくり等を行う。このよう発表が初めての生徒もいるので、音読のペアワークを行っている。

⑤ポスターセッション当日（1月下旬）

　発表当日はクライアントである地域の方々を招待し、直接プレゼンを評価していただく。生徒にとっては経験したことのない緊張感の中の発表となるが、一方で「プレゼンの内容が良ければ実際に採用されるかもしれない」という現実感のある動機づけも存在する。「地域の方の見学が入る」ということで、生徒だけでなく職員集団にも良い意味での緊張感が生まれ活動全体が活性化した。発表が苦手な生徒にとっても、4分程度の短いプレゼンを複数回繰り返すことができ、本番ではあるが失敗を修正しながら成長していくことができる。

ポスターセッション

⑥振り返り（1月下旬）

　生徒同士の相互評価の集計と地域の方々からのコメントシートを基に、優秀チームの発表と振り返りを行う。

3 カリキュラム・デザインの工夫

　2015（平成27）年度に開始したこの単元は、当初大変な苦労とともに立ち上がった。本校の生徒の多くが「コミュニケーションが苦手」「発表も苦手」であると自らを評価し、我々教員もそこに配慮して授業を行っていたからである。アクティブラーニングという言葉が広がり始めた時期でもあり、様々な反応が現場を騒がせていた。一方で「早期離職」「途中退学」の問題は、本校にとって差し迫った課題となっていた。地域や民間の力を取り込む形の PBL（Project Based Learning）型のカリキュラムは、本校の課題に即した形であることもまた事実であった。

表1　本校のキャリア教育

年度	地域課題 選択肢①	クライアント	地域課題 選択肢②	クライアント
2015 (平成27)	商店街のゆるキャラ PR	商店街	商店街自転車逆走問題	商店街
2016 (平成28)	ゆるキャラ PR 第二弾	商店街	「みなみやげ」ブランド PR	区役所
2017 (平成29)	釜石漁協-人材募集企画	ロータリークラブ	ようこそカフェ 新企画提案	ロータリークラブ
2018 (平成30)	区ヘルスメイト 新企画提案	区役所	スタンプラリー デザイン提案	子育て支援拠点

　スモールステップで積み重ねたグループワークは、付箋を使い相互の意見を「見える可」し、さらにその付箋に「いいね」マークを入れる活動で集団が活性化した。職員集団のチーム力もあいまって、「この難しい課題にみんなで立ち向かおう」という空気が全体を前向きにしていったようにも見えた。

　「好きな課題を調べる」という既存の探究活動ではなく、「与えられた課題の中で、自らの個性を出す」探究活動にシフトしたことで、「地域の方々の期待に応える」という動機づけが可能になった。この動機づけには「他者」が介在する。他者の介在こそが主体性を引きだし、主体性を持ったチャレンジや経験こそが、もれなく自己肯定感や自己有用感を育む地盤となった。人生で初めて発表をしたという生徒、初めて発表が楽しいと思った生徒、初めて放課後に授業の課題に取り組んだ生徒、発

表内容についての意見対立を乗り越えた生徒等、見違えるような成長を見せた生徒達が体育館で発表する。この緊張感、充実感、達成感こそが、本校のキャリア教育の最終単元で作り出したい瞬間である。

4 カリキュラム・マネジメントの視点

　三部制の本校で、4ヶ月に渡る探究の単元を動かしていくためには、当然のことながら組織的なマネジメントが重要になってくる。「2　実践概要」の②以降の授業運営は、午前午後夜間それぞれの学年の教員チームに任せていく必要がある。担当者として行うことは、第1に授業モデルの指導案をできるだけ詳細に作成すること、第2に校内ファシリテーター研修を開催し、1対100でグループワークを回していくためのコツを伝えていくこと、第3に探究学習のゴールイメージを常に発信していくことのみである。後はどのようなことがあっても動揺せずに、先生方の「チームの力」を信じ続けていくことしかできない。

　学年にまず依頼することはTT授業におけるファシリテーター教員の選出である。当然のことながら負担の集中するこの役割を、進んで引き受ける教員がどれだけいるかが課題であるが、この問題を解決する仕組みが本校にはある。「メンターチーム」の存在だ。48名（全職員の約50％）の中堅及び若手教員で構成される。毎月輪番でミニ校内研修の企画運営をしながら、教科や世代を越えて協働的に学びの場を作っている。この人数の多さはつまり、どの学年にもメンターチームのメンバーが存在するということである。

　探究学習の担当者はこのファシリテーター役を「実践的な研修」として、メンターチームに呼びかける。すると当然のことながらやる気満々でそれを引き受ける若手職員が現れ、学年のベテラン職員は喜んでこれを引き立てフォローに回るわけである。この役割を「負担の偏る嫌な役目」ととらえるか「成長のためのチャンス」とするか。少しずつ積み重ねた前向きな授業研究風土が、この単元を陰から支えていると考える。

5 導入するポイント

「総合的な探究の時間」のカリキュラムマネジメントに関して、本校の取組を報告する機会を少なからずいただくようになった。研修会等で登壇すると、会場に訪れる先生方の多くが「校内の理解を得られない」「保守的な教員の反対が強い」といった悩みを抱えているように感じる。正しいと思ってやっていることが、うまくいかないのは辛い。

私がこのジレンマから解放されたのは、一つのマーケティング理論によってだった。新しい商品が売れるまでの段階を示した図だ。わずかなイノベーターは、リスク度外視で新しいチャレンジをする。それが本物ならば、アンテナの高いアーリーアダプターが参入する。16％の集団ができれば、反応の早い多数派が仲間入りする

ロジャーズのイノベーター理論より

のは難しくなく、レイトマジョリティの動機づけとなる「みんながそうだから」という空気が生まれる。どんなに頑張っても16％はそこに追随しない層の存在も承知しておく。本当に良いものならば、そうして変わっていく。「仲間が16％いれば大丈夫」。いつも戦いの中にいた先輩教員の言葉だった。

もう一つ大切なことは、「一人の力の限界を知る」ことであると思う。右の図は研修会等で登壇するときに使用しているスライドである。地域や行政、民間の力をどんどん取り入れていくことが、変化のきっかけを作る時に大いに役立った。ここには紹介しきれない様々な実践も含め本校のキャリア教育は、このようにして多くの人々の支えの中で生まれ、定着したものといえる。

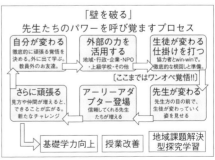

教員のエンパワーメントを図るプロセス

チーム・メディカルによる
医学部進学希望者の
資質・能力の涵養

東京都立戸山高等学校　校長　布施洋一

1 学校紹介

　本校は、1888（明治21）年に設立された130年以上の歴史を有する都立の伝統校であり、東京都教育委員会から進学指導重点校、英語教育推進校に指定されている。また、2004（平成16）年に都立高校としてはじめて文部科学省からスーパーサイエンスハイスクール（SSH）の指定を受け、現在第4期（16年目）を迎えている。

　生徒数は1,013名である（1・2学年各8学級、3学年9学級）。

　「国際社会に貢献するトップリーダーの育成」を教育目標に掲げ、文系・理系を問わず幅広い興味・関心を持ち、豊かな知識・教養と、未知の状況にも対応できる思考力・判断力・表現力・創造力を併せ持つ生徒の育成を目指している。そのため、総合力を重視したリベラルアーツ（教養主義）の教育課程の下で、3年間文理別クラス編成をせず、同じクラスに文系進学者と理系進学者が混在するかたちをとっている。

　なお、平成31年度の大学合格実績は次の通りである。

国公立大学207名（うち現役152名）
　東大12（8）　京大7（4）　一橋7（7）　東工大12（6）
　国公立大学医学部医学科18（6）
難関私立大学（早慶上智及び医学部医学科）147名（うち現役95名）
　早稲田83（57）　慶応30（9）　上智20（18）
　私立大学医学部医学科14（1）

---

2 実践概要

(1) チーム・メディカル開始の背景と意義

　東京都教育委員会は、2016（平成28）年2月に策定した「都立高校改革推進計画・新実施計画」において、生徒の進学ニーズに対応するため、戸山高校において、医学部等への進学を希望する生徒によるチームを結成し、互いに切磋琢磨し支え合う、3年間一貫した育成プログラムを実施すると発表した。この前例のない取組は「チーム・メディカル（以下、TMと記す）」と呼ばれ、2016（平成28）年度入学生の中から希望する生徒を募り、医師になるためのキャリア教育と医学部合格に向けた学習支援を2本柱とするTM事業がスタートすることになった。

　もともと本校は医師になりたいという夢を持った生徒が毎年20名程度は入学してくる学校である。しかしながら、多くの生徒がその夢を途中であきらめてしまい、その進路実現には高い壁が立ちはだかっていた。TM事業が開始されるまで、国公立大学医学部医学科への進学者は毎年0〜2名程度というのが実態であった。

　それでは、生徒はなぜ医師になりたいという夢をあきらめてしまうのか。もちろん国公立大学医学部医学科に合格するには高い学力が求められるが、本校から難関国立大学（東大・京大・一橋・東工大）に現役合格する生徒が毎年20〜25名程度いる状況を考えると、学力不足だけが医学部進学をあきらめた理由とは思えない。より重要なのは、生徒が医師という仕事の内容を正しく理解し、医師になることでどのように社会に貢献したいと考えているかである。医師になって皆から尊敬され、お金持ちになりたいという理由では、東大をはじめとする在京の有名大学を目指す生徒が多い環境の中で、地方の国公立大学の医学部を目指すというモチベーションを最後まで維持していくのは難しい。高校3年間の学びの中で、医師になりたいという漠然とした「夢」を、医師になって何をなし、どのように社会に貢献するのかという「志」に進化させる必要がある。TMがキャリア教育を重視するのは、生徒の主体性を育む

「志」を育成したいと考えるからである。

（2）チーム・メディカルの概要

　TM の特色は、医学部進学を目指す特進クラスのようなものではなく、クラスに関係なく希望者がチームを結成し、放課後や土曜日の午後、長期休業中などに集まって TM としての活動（TM ミーティング）を行うという、部活動に近い形式をとっていることである。入学式終了後、4 月中旬に新 1 年生対象のガイダンスを行い、TM に参加を希望する生徒には、①なぜ医師になりたいのか、②医師になって将来何をしたいのか、③戸山高校が各学年に求めている学習時間をどのように確保するのか、という 3 点について文書で意思表示をさせている。各学年の定員は原則20名であるが、希望者が多い場合は医学系研究施設の収容人数の上限等を勘案し、25名まで参加を認めている。年度ごとに退会入会によるメンバーの入れ替わりがあり、3 年間一貫プログラムをすべて受けた2016（平成28）年度入学生（TM 第 1 期生）は10名であった。現 3 年生である2017（平成29）年度入学生は現在20名が TM に所属している。なお、TM で行われる講演会等は TM 以外の生徒も参加可能であり、TM への参加の有無で医学部受験に有利不利が生じないよう配慮している。

　TM のプログラムは、キャリア教育と学習支援策の 2 本柱で構成され、キャリア教育の年間プログラムには、論文作成という探究の過程を経験させることで主体性の向上を図るとともに、他者と協力して課題解決のパフォーマンスを上げることをねらいとする社会人基礎力養成の取組を組み込んでいる。

3 カリキュラム・デザインの工夫
―キャリア教育の具体的なプログラム―

（1）TM ミーティングにおける講演会

　現職の医師や基礎医学系の研究者等を招聘し、なぜ医師を目指したのか、高校生時代に取り組んだことは何か、医学生時代の学びはどのよう

なものだったのか、医師になってからはどのような生活をしているのか等を語ってもらい、生徒が自己の将来像を具体的にイメージできるようにしている。医師という仕事のやりがいとともに、その責任の重さや過酷な勤務の実態についてもできるだけ包み隠さず語ってもらうことで、医師を単なる憧れの対象として見るのではなく、社会と繋がった職業として意識させることが最大のねらいである。

(2) 大学の医学部医学科、病院、医科学系研究所等での体験活動

　主に夏季休業中に生徒が関係機関を訪問し、見学や実習等の体験活動を行う。大学の医学部医学科では、どのようなことを学ぶことになるのかを実際に体験させる目的で、模擬授業、シミュレーション実習（聴診体験、模擬採血体験、気管支挿管体験）等を中心にした体験活動を行っている。東京都立の3病院（大塚・広尾・駒込）では、研修医や専門医との交流、病院内の見学、手術室見学等により、医師がどのような場所で、どのような意識をもってその職責を果たしているのかを肌で感じさせている。国公立の医科学系研究施設では、先端研究についての講義や模擬実験、施設見学等を行っている。高校1年と2年の2年間で大学、病院、研究所を一通り体験させることで、自らの医科学分野に対する適性を自己認識させ、絶対に医師になって社会貢献したいという決意を固めさせることがねらいであるが、逆に自らの医師としての適性に疑問を感じたり、医科学系の研究をするのであれば必ずしも医師免許を取得する必要はないという現実を知ることで、医学部以外の進路を考えるようになる生徒も少数ながら見られる。これらはむしろキャリア教育の成果であって、医師以外の分野で社会に貢献したいという「志」に繋がるものであれば、必ずしも否定的に捉える必要はないと考えている。

(3) 医学や医療に関する課題研究

　TM の1・2年生には、医学や医療に関するテーマで自ら問いを立て、調査・研究を行うことで自分なりの答えを見出して、それを論文にまとめる課題を課している。生徒は担当教員の助言を受けながら医学や医療

に関連する分野から興味関心のあるテーマを模索し、自ら課題を設定する。その課題を解決するための調査研究方法も生徒自身に考えさせ、約半年間の探究的調査活動の結果を論文のかたちにまとめる。大学、病院、研究所等での体験活動と論文作成は同時に進行しているため、体験活動が論文の考察を深める機会にもなっている。1年と2年の2年間で2回の探究的調査活動を経験させることで、課題設定力、調査・探究力、表現力の向上を図るとともに、2年生には論文要旨の英文化も課し、広く自らの意見を発信する能力の向上にも繋げるようにしている。また、課題研究の成果を医療関係者や保護者、TM以外の生徒に発表する「TM研究発表会」も毎年12月に開催し、コミュニケーション力と自己肯定感を高める機会としている。ここでの課題研究の目的はあくまでもキャリア教育であり、探究活動の質を高めることそれ自体にはあまり重きを置いていないが、論文作成という探究的活動を深めていく中で、医師への憧れや興味関心を超えて、医療行政等に課題を見出す生徒も見られ、「夢」を「志」に変えるうえで大きな意味を持っている。

（4）NPO法人と連携した社会人基礎力養成研修

　NPO法人による企業向け研修を高校生向けにアレンジし、社会人基礎力を重視した体験研修を行っている。TM所属の1年生から3年生までをランダムにチーム分けし、その即席のチームに対して様々な課題を示し、その解決を求める。学年もクラスも違い、日頃言葉を交わす機会もほとんどない生徒同士が集まって最高のパフォーマンスを発揮するには、非言語的なものを含む様々なコミュニケーションが必要であり、相手が自分に何を期待しているかを感じ取り、それを踏まえて自分が何をなすべきかを体験から学ばせることがねらいである。年次進行に伴いTMの人数が増えることでTM生同士の関係が希薄になることを懸念して始めた取組であるが、大学の医学部等でも「チーム医療」の観点から類似の研修を医学生に対して行っており、医師として求められるコミュニケーション能力を涵養する機会にもなっている。

第2部　実践事例編／Ⅲ キャリア教育を中心に展開する

4 カリキュラム・マネジメントの視点
―チーム・メディカルの推進体制―

　TM事業開始にあたり、独立した組織としてTM部が設置され、事業を推進するとともに、各学年と進路部からTM連絡担当教員を選出し、TM部との連絡調整に当たっている。特に学習支援の部分では、医学部入試に課される小論文について、国語科教員を含めた様々な教科担当者が指導に当たるとともに、英数国の3教科ではTM生の学習到達の状況分析から教科指導上の課題把握と改善に向けた研修を行い、教科指導力の向上を図っている。また、医学部医学科向けの面接対策として、学年、進路部、TM部が協力して生徒一人一人の志望校に応じた面接指導を実施するとともに、TM生以外で医学部医学科を志望する生徒にも、TM生と同様の情報提供と小論文、面接等の指導を行っている。

5 導入するポイント―成果を導く教員と生徒の変化―

　2016（平成28）年度にTMが発足してから、学校内で医学部医学科進学が特別な進路選択ではなく、進路の一方向として生徒に勧められるものとして捉えられるようになってきている。このような教員の捉え方の変化は生徒にも当然波及するが、生徒にとっても学校が組織的に医学部医学科進学を支援する取組を行い、自分のクラスにも数名のTM生がいるという状況は、医学部医学科進学の壁を低くする効果をもたらしている。2019（平成31）年度入試においては、もともと理学部志望でTMにも参加していなかった生徒が3年の夏休みに医学部に志望変更して国立大学の医学部医学科に現役合格したり、在学中は必ずしも医学部志望ではなかった卒業生が浪人して国立大学の医学部医学科に合格したりという、TM開始以前では考えられないことも起こっている。この生徒なら医師になってもらいたいという声が教員のみならず生徒からも聞こえるようになり、TM生のモチベーションをますます高める効果をもたらしている。3年間で育まれた主体性、忍耐力、そして謙虚さは、将来の医師の資質として必ず生かされるものと考える。

【この取組は、2018年度日本教育公務員弘済会教育賞の個人部門で奨励賞を受賞した。】

Ⅲ キャリア教育を中心に展開する

3 社会人×生徒×教師の共創型キャリア教育

東京・中央大学高等学校　入試広報・学年主任　仲森友英

1 学校紹介

　本校は、中央大学が設置している附属4校の中の1校である。都心にある中央大学の後楽園キャンパス内に位置していることから、通学範囲が広く、東京都以外の千葉・埼玉・神奈川各県の出身者が5割を占めている。1学年160名、全校でも約500人の小規模校である。進路については、ほぼ全員が4年制大学であり、その中の9割方が中央大学への内部推薦、他の1割が自ら望んで他大学を受験し進学する。

　中学校を併設していないため、3年間の中で大学進学に耐えることのできる「知・徳・体」の基礎学力を涵養しつつ、大学進学以降を含めたキャリア形成を行わなければならないという課題がある。附属校であるがゆえの本校の悩みとしては、大学受験を避けて入学している生徒が大半を占めるため、入学後しばらくは、進路に対して消極的な姿勢が見られることである。基本的に中学時代に努力を重ねてきた生徒が多いため、学習に対する姿勢は熱心であるけれども、目標を持って主体的に学ぶ意欲が弱いところがある。そのため、京都市立堀川高校の探究型学習活動の成功事例が広く知られるようになった10年程前から、そうしたカリキュラムの開発を模索していた。

　そのような折、「志」を持つ高校生育成のキャリア講座開講を考えていた社会人が、中央大学の理工学部で講義を持っており、附属高校での開講の可能性を大学に打診した。本校でも、探究型教育の実施を求めて

74

いたことから、当時の本校管理職の熱意もあって開催実現に至った。

2 実践概要

　本講座の目的は、社会への関心を持ち、世の中の役に立とうとする「志」の育成であり、その特徴は社会人が大きく関わる点にある。

　また、２年生の秋に開催していることから、進路への意識を高める効果も狙い、全員（約160名）参加の基礎講座と約40名の希望者による実践講座の２期に分けて実施している（理由は次項で詳述）。この実践講座は４回のグループワークと発表、振り返りの会から成っている。

【基礎講座】

　２年生の秋段階では、進路に対する意識が各人で大きく異なっていることを前提にして構成し、２年生全員の興味・関心を惹くよう多彩なプログラムを用意している。

---

①キャリアコンサルタントの方の講演（50分）

　テーマ：人生において働く意味を考える

②社会人ファシリテーターのパネルディスカッション（50分）

　テーマ：高校時代から今の仕事に就くまでの「志」の変遷

③OB・OGの講座参加者によるパネルディスカッション（50分）

　テーマ：講座に参加したことでの変化

　受講後、全員に感想文の提出と実践講座参加のアンケートを取るが、その際、希望者にはエントリーシートとしてその理由を具体的に書かせ、応募者多数の場合は選考の資料とする。

【実践講座】

　基礎講座から約１カ月後に第１回実践講座を開催する。年内２回、年明け２回実施。３月中旬の終業式で発表し、その１週間後に全チーム合同の振り返りの会を開催して総括する。チーム編成は約40名を６名×６〜７チームとし、そこに社会人ファシリテーターが２名付く。

第1回　目標：取り組むテーマの仮決め、取材先の決定

・ランチセッション・自己紹介・アイスブレイク（ゲームを通した雰囲気作り）［約1時間］

・グループワーク：「私の目標」の共有・テーマ設定・テーマに関する問題点の整理・情報収集の計画立案・取材準備［約3時間］

・振り返り：シート記入・メンバーの良い点を列挙［約15分］

第2回　目標：取り組むテーマの確定・課題設定

・グループワーク：調査結果の整理・現状の把握・問題の見直し・課題抽出［約3時間］

・振り返り：シート記入・メンバーの良い点を列挙［約15分］

第3回　目標：提案内容を決める

・グループワーク：課題解決のためのアイデア検討と選定［約3時間］

・振り返り：シート記入・メンバーの良い点を列挙

・「志」セッション：ファシリテーターの「志」「キャリア意識」を高校生に語る［約1時間］

第4回　目標：発表資料の骨子と役割分担

・グループワーク：発表手順検討・資料作成［約3時間］

・振り返り：シート記入・メンバーの良い点を列挙［約15分］

・「志」セッション：今までのシートを参考に4回の講座を通して自分の力になったこと、気づきを言葉で共有［約1時間］

・宿題：「志」作文

発表

　全校生徒（卒業した3年生を除く）の前で、画像を用いながら1チーム7分の持ち時間で発表する。その後、ファシリテーターによるコメントをもらう。

振り返りの会

　生徒・社会人参加者が集まり、全員の前で「志」を発表する。宿題で

ある作文を提出し、修了証が授与される。

3 カリキュラム・デザインの工夫

①時期

「附属」高校受験を突破してきた生徒にとって、入学後暫くは進路ガイダンスの実施は逆効果となるため、1年生は2学期からキャンパスを共有する理工学部の紹介から緩やかに開始している。そのため、キャリア講座の設定は、必然的に進路への抵抗が少なくなる2年次となる。また、文化祭・体育祭という行事が一段落し、進路への意識を促すタイミングとして効果的とされる「高二の秋」の9月末から10月初旬とした。

実践講座は、調査期間に配慮し、年内2回、年明けから2回（※入試時期を外す）の計4回とし、発表は3月中旬の終業式である。振り返りの会は、社会人の方が参加できるよう直近の土曜日に設定している。

②実践講座の希望者制度

学年全体で実践講座を実施したいところであるが、二つの点で断念した。1点目は、社会人の方が求める目標を達成するためには、1チームあたり3名のファシリテータが必要であり、その人数確保ができないこと。2点目は、2年生というクラブ活動の中心となる時期であることから、土曜日の夕方にかけて大きく時間を割くことは困難であるという点。ゆえに希望者制度を採用した。結果的に、意欲の高い生徒が集まり「やらされ感」はなく、活発に探究活動を行っている。

③チーム編成

基礎講座の後、1カ月空けて実践講座を開始している。その理由として、エントリーした生徒の興味関心を踏まえて社会人の方が暫定的にチーム編成し、さらに教員による生徒間の人間関係を考慮に入れてチームを確定させるためである。全く人間関係を考慮しない方法もあると考えるが、高校生段階では生徒間の相性によりチームの雰囲気が大きく左右され、そうなるとファシリテーターの負担も大きくなることからこのよ

うな方法で実施しており、チーム運営も円滑である。

4 カリキュラム・マネジメントの視点

①管理職＋学年チームの意識醸成

・担当学年の主任ともう一人担当教員を設定するが、3項目で述べたチーム編成に際しては、生徒をよく知る担任が関与することとし、他人事にならないようにしている。

・基礎講座の感想文、エントリーシートのチェックにより、担任陣も生徒の気づきを知ることでキャリア講座の有用性に着目できる。

②生徒と社会人ファシリテーター間のオープン化（学校としての管理）

課題設定後の、検討・修正、進捗状況の把握に関して、ファシリテーターと生徒が講座時間外において連絡を取り合うことがどうしても必要となるが、その際問題となるのは、社会人の方と生徒とのコミュニケーション方法である。当初、学校のアカウントでメールをするよう指導したが、生徒にメールを確認する習慣等がないため滞ってしまった。そのため、社会人の方との信用も深まっていたこともあり、職員会議での審議を経て通信アプリでの交換を認めたが、こちらも運営上やや難があり、教育のクラウドサービスを利用することとした。これにより、生徒とファシリテーターとのやりとりが完全に学校に開かれることとなり、ファシリテーター間の情報共有も円滑化し、生徒への効果的なアドバイスも容易となった。

5 導入するポイント

本校でも、導入の大きなインセンティブとなったのは、企業が高校生に課題を出し、探究活動に向かうものではなく、社会人とともに周囲の中から問題点を見つけ出すという点にあった。そのため、本講座は社会人の方の「大きな」負担抜きに成立しない。そのような負担の大きい活動を実現することは常識的に容易ではない。まずもってどこから社会人

に声を掛ければよいのか。どのようにファシリテーター研修をお願いすればよいのか…等、少し考えただけでもとてもハードルが高いことが理解されるだろう。本校で実現したことは、先述したように中央大学の附属高校であるゆえの僥倖（ぎょうこう）といえる。

その点は、社会人有志の方も百も承知であり、そのために本講座に興味・関心を持たれるような学校に対して実践方法を書籍化されており、そちらをぜひお読みいただきたい。併せて、相談できるようにホームページも開設されているので、そちらから訪ねられるとよいかと思う。

また、私個人の経験からしても、一歩を踏み出すことの大切さである。当初、この講座の実施に関して、大学（＝上）から降りてきたように思われ、これ以上校務の負担が増えることを想像し余り乗り気でなかった。

しかし、実際に講座がスタートし、社会人の方の熱意に触れたことで自分も含めた教員側の足りないところを痛感し、8年目を迎えた今では社会人の皆さんとの交流が学校全体に刺戟を与えていることを有り難く思っている。

当初は、一部の教員の動きかもしれないが、社会人の方との交流が継続するうちに、応援団も増えてくると考える。一歩を踏み出し、後は継続するように学校側と社会人側との「両想い」の状態を作ることが肝要となる。

当たり前のことではあるが、この「両想い」の状況を維持することもエネルギーの要ることであり、提案する教員の負担も大きいけれども生徒が得るものは非常に大きく、一歩を踏み出されることをお勧めする。

〈紹介書籍・ホームページ〉
①キャリア講座推進プロジェクト編著『未来を生き抜く力を育むキャリア教育─志を社会人と語る協働型プログラムの実践─』学事出版、2019年
②キャリア講座推進プロジェクトホームページ
　https://www.2012-career-project.org/

教師になりたいという夢の実現を応援する教育探究コース

千代田学園　大阪暁光高等学校　教諭　和井田祐司

1　学校紹介

　本校は2020（令和2）年に創立70周年を迎える私立高校で、2012（平成24）年までは「千代田高校」、2013（平成25）年から現校名となった。5年一貫の看護科・看護専攻科があり、普通科には教育探究・幼児教育・進学総合の3コースがある。2019年10月1日現在の生徒数は1003名である。

　本校には「学習活動に取り組む生徒会」の伝統がある。テスト前には、生徒会役員が全校生徒に「家庭学習週間」の取り組みを提起する。生徒会から全校生徒に家庭学習ノートが配られ、授業の復習や予習が呼びかけられる。朝礼時に提出された家庭学習ノートを各教科担当者が確認し、コメントで励ます。授業内容をまとめたうえで感想を書く取り組みもある。授業を充実させる「充実ノート」と呼ばれている。

　生徒総会前には、クラスで議案書を討議し、同時に授業改善要求も提出する。それらの要求には、学校及び各授業者が応答する。

　文化祭も学習を基軸に展開する。クラスでテーマを決め、夏休み〜9月の期間、学習を深め、感想を書く。9月末の文化祭当日は、食品バザーに加えて、学習成果を模造紙展示やステージ発表にて表現する。

　本校には中学校までに傷つき自信を失った生徒が多数入学してくる。近年の格差社会の進展の中で、経済的に厳しい家庭・ひとり親家庭の生徒や、家庭崩壊状態の生徒も珍しくない。生徒会活動が学び直しの機会を提供し、生徒の社会関係資本を構築する役割を果たしている。

第2部　実践事例編／Ⅲ キャリア教育を中心に展開する

2 実践概要

　教育探究コース（以下本コース）は、教師・カウンセラー等、人の成長・発達に寄り添い、援助する専門職（「発達援助専門職」）を志向する中学生を受け入れるコースとして、2017（平成29）年に開設された。学年に1クラスのみである。コースの専門科目「教育・人間探究の時間」（総合的な学習の時間を含む）を3年間で11単位設定している。1期生の主な活動を以下に記述し、その概要を示す。

教育探究コース1期生（2017年度入学生）の主な取組

年	1学期	2学期	3学期
1	・文章表現講座 ・小学校観察実習 ・高野山学習合宿	・「学ぶ文化祭」 ・地域研究 ・小学校観察実習	・生命倫理を考える 　「いのちの授業」
2	・新入生へプレゼン ・特色ある学校訪問 ・卒業作品構想発表	・「学ぶ文化祭」 ・防災教育論 ・卒業作品中間発表	・海外研修 （「国際理解」（2単位）） 事前・事後学習含む
3	・海外研修報告会 ・卒業作品中間発表	・「学ぶ文化祭」 （卒業作品中間発表会）	・卒業作品完成・製本 ・卒業作品発表会

〈**1年生の主な活動**〉　本コースでは、書き・読みあう活動を重視する（「綴方的学習」＝後述）。最初の授業では、「文章表現講座」を位置付ける。元新聞社編集長をお招きし、文章表現の技能を教えてもらう。

　5月と11月には、本校所在地近くの公立小学校への観察実習を行う。生徒と小学校児童の年齢差、発達段階等を考慮し、3・4年生の学級への訪問をさせてもらっている。個人情報保護や安全面の指導に加え、自身の小学校時代を思い出し、見学ポイントを個人・班で出し合う等の事前学習を行う。当日は児童と遊び、授業を見学する。事後学習では気づきをKJ法でまとめ、文集も作成する。2学期も同クラスを訪問する。

　2学期はどの学年も、「学ぶ文化祭」と関連付けて学習する。その後、地域学習をメインに展開する。「消滅可能性都市」河内長野市の現状を学び、駅前商店街や林業現場を見学し、体験的な学習を行った。

　3学期は生命倫理に関するテーマ学習を行った。出生前診断、「赤ち

81

ゃんポスト」、障がい論、性教育等、ゲストも招きながら展開した。

〈2年生の主な活動〉　年度初めに行うのはプレゼンテーション「教育探究コースの1年間」。新入生に向け、1年間の取り組みの概要を伝える。

　2年生には特色ある学校への訪問を位置付ける。1期生の場合は、和歌山県橋本市にある「きのくに子どもの村学園」を訪れ、見学と交流をさせてもらった。デューイやニイルといった教育思想・教育方法学に関する事前学習、気づきを文集化し読みあう事後学習もあわせて展開した。

　1学期から卒業作品制作に取り掛かる。自身の興味関心に合う本を図書館で探す活動から始め、1学期末には構想発表会を行う。

　2学期は学ぶ文化祭の後、防災学習に取り組んだ。思考実験を含む、思考・判断・表現を問う活動を中心に、防災ゲーム「クロスロード」等既存の教材も活用しつつ、ゲストも招いて授業を展開した。

　2年の後半はニュージーランドへの海外研修がメインとなっていく。語学留学に加え、現地での和文化プレゼンテーション、チャイルドケアセンターでのボランティア活動等、盛りだくさんの行程である。準備・事前学習・現地行程・事後学習で、3学期は終始することになる。

〈3年生の主な活動〉　1・2年生向けの海外研修報告会から始まる。3年生の活動のメインは、卒業作品の制作と発表である。1・2学期ともに中間発表会を実施するが、その日程から逆算する形で制作日程を組んでいく。2学期の「学ぶ文化祭」の段階では、作品の全体像が見えてくる。「国定教科書『修身』の変遷と分析」、「校則と法解釈」、「中高生の人間関係論」、「Newspaper in Education」、「教育実践の原点をさぐる」等、多彩なテーマの作品が仕上がってきている。

3 カリキュラム・デザインの工夫

(1)「探究」を2つの側面で捉え、3年間のデザインを組む

　「探究」を体験ベースとスキルベースで捉えている。1年では「ヒ

ト・モノ・コト」と出会いに重点を置く。小学校観察実習、地域フィールドワーク、多くのゲスト講師との出会い等を通して、学びの楽しさを実感し、自身の問題関心に気づく機会を多く提供する。加えてプレゼンテーションや論文作成等のスキルベースの活動の比重も増やし、3年には自律的・探究的学習である卒業作品制作がメインとなる。

（2）応答性をもった「作品化」と自己評価が生徒を励ます

「教育・人間探究の時間」はテストによる点数化をしない。入学後、生徒には日常的に活用するファイルと、教材や感想文を綴じていくより大きなファイルが与えられる。学んだ際には、必ずレポートを書く。担当教師はそれらにコメントを書き入れ、返却する。加えて、感想文は通信にし、クラス内で読みあい、感想文の感想交流の時間をとる。私はこれを「綴方的学習」と呼ぶ。純粋な生活綴方ではないが、学んで感じたことや連想した事例を交流する中で、より深い理解につながり、学びあう共同空間としての素地が形成されていく。学期末には、「学びの記録」を記入する。学期内の学習内容を振り返り、自己評価する。その記述に対しても、担当教師は励ましのコメントを記入する。それらは大きなファイルに綴じこみ、3年間の学びの記録として可視化されていく。

（3）フィールドワークやゲストの授業を実現するカリキュラム設計

専門科目「教育・人間探究の時間」は1年3単位、2年4単位、3年4単位の計11単位時間で展開される。本校は隔週で午前中のみの土曜授業がある。2単位分を土曜日に配当することで、4時間連続で専門科目となる。この土曜授業を活用し、フィールドワーク、ゲスト講師の授業、卒業作品中間発表会等のイベント性をもった活動時間を確保している。

4 カリキュラム・マネジメントの視点

（1）科目の「柱」となる部分を構造的に示す

総合学習や探究活動は、生徒や学校を取り巻く現実の中で実践が創造

されていく。一方で、科目の大枠が融解してしまっては、同僚性を発揮した協同的な実践にはならない。科目の「柱」を明確にするのが重要だ。

本コースの場合でいえば、1年1・2学期の「小学校観察実習」、1年2学期の「地域学習」、2年の「ニュージーランド研修」、3年には「卒業作品」をつくる、等が該当する。それ以外の部分に関しては、担当する教師の専門性や生徒の問題関心に合わせて展開するとよい。

（2）コース・科目運営は会議で意見を出し合いながら展開する

本校では、教育探究コース運営委員会を分掌で位置付けており、授業構想や外部との連携等を協力・分担しながら実施している。毎月1回は必ず会議を設定し、情報共有・相談を行っている。また、「綴方的学習」のためには、生徒の感想文を入力する等の雑務が生じる。そうした作業も、担当教諭だけではなくチームで分担する。担任・担当教諭は目の前の授業で手一杯になることがある。だからこそ、事務作業・外部との連絡を含むサポートが可能なチーム作りが重要である。

（3）学校行事と関連付けたカリキュラム・マネジメントを念頭に置く

コース、科目の特色といっても、校務日程の中で実践は展開される。行事を関連付けた実践創造を志向すると良い。本コースの場合は、「学ぶ文化祭」のためのホームルームとコース専門科目を関連付けることで、より深い学びと表現が実現した。具体的には、1期生の場合、1年時は壷井栄『二十四の瞳』をテーマに戦前日本の教育史を学び、2年時はいくつかの小説・映画等も活用して戦後日本の教育史を学習した。3年時は各々の卒業作品作りを進めた。他にも、生徒総会前には「生徒会活動」そのものを題材化して学習する。体育大会前は、学校教育における体育大会の意味・意義を考察し、体育大会／運動会の歴史も学ぶ等、行事と関連付けた典型教材を学校として蓄積するのが有効である。

5 導入するポイント

第1に、学校の教育実践の蓄積を生かした科目設定である。本コース

の場合は、導入に2年以上をかけて議論を重ねた。分散会形式で教職員の意見を集約し、その意見をもとに準備委員会で議論し、学園の強みを生かせる設計を模索した。「学園の蓄積を大事にしてほしい」、「オール千代田の教育力を生かす」等の意見が出された。「綴方的学習」は、本校の「学ぶ文化祭」や、「充実ノート」の学校文化に根差している。また、同僚の専門性や経験を生かした特別授業の実施や、卒業生や学園とご縁のある外部講師をお招きしての授業等、「オール千代田学園」を意識した展開を目指している。内容面では、本校の教育理念を念頭に置く。

> 【教育理念】 人の生命を大切にし、平和で民主的な社会の実現を願って、誠実に生き、一生懸命努力する人間を育てます。そのために保護者と教職員が手をたずさえ、生徒一人ひとりが豊かな心をはぐくみ大きく成長する学園づくりをめざします。

このように、今次指導要領の改訂や教育改革の議論「があるから」行うのではなく、そうした動きも機会の一つとして活用しつつ内発的に改革を進めていく視点が、導入・実現におけるカギになるはずである。

第2に、校外の人々の力を積極的に活用したい。「社会に開かれた教育課程」の重要性がいわれる。学校は地域の核であり、地域の方々も「学校に役立ちたい」、「高校生と関わりたい」との願いを持っている。教師が地域に出て相談してみると、思いのほか展望が開ける。本コースの地域学習の場合も、苦境に立たされた商店街の代表者、町おこしに取り組む老舗酒蔵主、森林組合等、快く相談に乗って下さり、資料提供や講話、学習プログラム作成に協力してくれた。「足元を掘れ、そこに泉が湧く」は、カリキュラム・マネジメントにおいても同様である。

地元地域外でも、他校の特色ある実践に取り組む教師、各種専門家、活躍する卒業生に相談してみよう。時おり外部講師を招く、外部に生徒を連れていく。それはカリキュラムの活性化につながるはずである。

IV 読書指導を広げる

① 学校図書館と新聞等の
データベースを活用した
探究的な学習

京都学園中学高等学校　学校図書館司書教諭（国語科）　伊吹侑希子

1 学校紹介

　本校は、建学の精神「世界的視野で主体的に考え、行動する人間の育成」を体現する探究型学習プログラムを中高それぞれの学びに合わせて実施している。特に、国際社会を見据えたときに重要となる、自分の生まれ育った国や地域に対する理解を深めるため、ホームグラウンドである京都の地理や文化を体得できるように工夫している。まず中学校では、フィールドワークをはじめ、「本物を経験させる」ことを重視した「地球学」を3年間で学べるように構成している。

　高校では、実験や考察によって論理的思考のプロセスが学べる理系の教育に特化させた「Science Global Studies」やグローバル教育に焦点を当て課題研究を進める「KOA Global Studies」とコースの特性に合わせた探究型学習を展開している。さらに、創立者の辻本光楠は15歳の若さで単身渡米し苦学した経験が本校の創設の原点となったことをふまえて、全員が地理・歴史・芸術の理解を深められるようプログラムされた事前学習を経て、現地の家庭にホームステイをしながら提携校の授業を受講する海外研修を実施している。そして、海外研修をはじめとした長年にわたる国際理解教育の実践によって、2015（平成27）年にスーパーグローバルハイスクール（SGH）に指定された。その他、2007（平成19）年に日本新聞協会のNIE実践指定校となって以来、各教科で新聞を活用した授業を開発し実践してきた。このような探究型学習を通じて

第2部 実践事例編／Ⅳ 読書指導を広げる

新たな課題を見つけ、正解のない問題を解決するための発想力・批判的思考力・表現力とこれからの社会で求められるスキルを養っている。

2 実践概要

　教科横断型授業を行うことによって、異なる教科科目の知識が多角的・立体的に学ぶことが可能となる。こうしたねらいから、高校2年生の古典Bの授業において、『源氏物語』を題材に文学と美術の視点を掛け合わせることで、重層的に学びが深められる授業を展開した。SGHのテーマに「食」を掲げていることから、単元テーマは、生徒が「自分ごと」として捉えられるように、各家庭の食文化として根付く正月の行事食に焦点を当て、主人公の光源氏が過ごす正月の様子を描いた「初音」を教材として取り上げた。さらに該当箇所を描いた美術作品を提示することで、絵から当時の風習や食文化を現代と比較できるようにし、文学・食・美術と多角的な視点から作品の価値について考察できるように工夫した。

　授業の手立てとして、まず知識の定着を図るため、教材の本文について、文法事項を確認し内容把握を行った。加えて、家庭科では、冬休みの定例課題として、図書館に所蔵されている本や新聞などを用いて、おせち料理など行事食について調べ、自身で調理をし、考察した内容をレポートにまとめることとなっている。この課題を応用して、平安時代の「食」にまつわる風習と、現代にどのように継承されているのか理解を深めるため、生徒4人ずつのグループ学習へと進めた。

　続いて、授業で得た知識を探究するため、図書館にある本や新聞記事データベース「朝日けんさくくん」・「スクールヨミダス」（現在、「ヨミダス for スクール」）を用いて、「歯固め・餅鏡・子の日の遊び・若菜」の4つのキーワードについて調べることを通して、適切な資料を探し、情報分析力が鍛えられるようにした。また、本から調べるだけでは、辞書的な定義を把握するにとどまり、具体的なイメージにはつながりにく

87

いと考え、授業の内容と調べたことをふまえて、より深く学ぶために、森田潤司同志社女子大学特任教授に「年中行事と行事食」と題して、ご講演いただいた。

次の教材として、『源氏物語図』(伝・俵屋宗達）と『屏風貼付源氏物語図色紙』(伝・土佐光則）を提示した。『源氏物語』の本文を踏まえながら、絵から根拠を示して季節や状況など読み解いたことを鑑賞文にまとめ、グループメンバーで相互評価を行った。そして、生徒が柔軟な発想で、主体的に、幅広く学べている実感が得られるように、新聞の文化面にある芸術作品を紹介する記事を想定し、鑑賞文で取り上げた絵について、グループで、見出し・絵の紹介文・鑑賞ポイントを配した紙面作りを行った。できあがった新聞は、人数分を印刷して生徒に配布し、ルーブリック（評価規準表）を用いてA～Dの4段階で相互評価を行った。評価の観点として、判断の根拠・批判的思考力・表現力・創造力・文章力と、コミュニケーション力について自己評価する項目を加えた6項目を設定した。まとめとして、国語科・美術科の両教員で新聞記事を評価し、優秀作品を決め表彰した。

『源氏物語図』(伝・俵屋宗達）を取り上げた優秀作品

各グループで集めた情報に対する価値判断について、新聞紙面を構成する見出しやレイアウトによって、「可視化」することで、相違がより明確になったといえる。

この授業実践を通して、生徒のリフレクション（ふりかえり）から、情報の収集の仕方や読み取り方を身に付けたことが明らかとなった。さらに、生徒が新聞記事データベースから、課題に沿った情報の収集ができるようになったということは、1つの成果だといえよう。

また、異なる教科と連携した授業展開にしたことで、食や美術作品の

鑑賞といった生徒自身の体験を通じて、多面的に物事を捉えることができ、豊かな発想から課題を見つけ、新聞の創作につながった。

3 カリキュラム・デザインの工夫

　本校では各学年・教科において、探究型学習が多く取り入れられ、4月の最初の授業時に、具体的な内容がシラバスにて示される。そこで、中学1年生・高校1年生を対象に行っている図書館利用ガイダンス時に、利用案内とともに、探究型学習や各教科で出される課題に取り組むときに参考となる学び方を記した「Knowledge for Growth Research Book（KGリサーチブック）」を配付し指導を行っている。この冊子は教職員にも配付し、学校図書館を活用した授業展開の指針としている。

　探究型学習を進める上で、6つのプロセスに分け、それぞれの学習において、どのように学びを深めていけばよいのか、学習のヒントとルーブリックを示した。6つの学習プロセスで示した内容は次の通りである。

①**テーマの設定**：マンダラート法やマッピングの紹介
②**情報を探す**：図書分類法・データベースの利用法の説明等

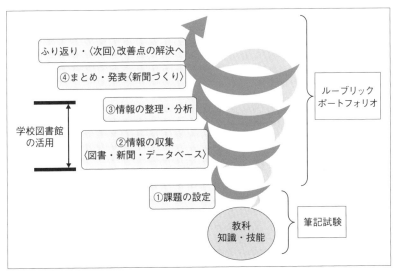

学校図書館を活用した探究型学習のプロセス

③**情報の分析**：複数の情報の比較、情報の新旧や信憑性の判断

④**まとめる**：主張と根拠を明確にし、論理的な文章の構成例を掲載

⑤**発表する**：発表方法（ポスター・新聞形式等）のポイントを掲載

⑥**振り返る**：生徒自身が次回の学習に生かせるルーブリックを掲載

4 カリキュラム・マネジメントの視点

　本校では、授業力の改善・向上のために、6月と11月の年2回、校内公開授業月間を設け、全教員が1単位時間（50分）を公開し、互見している。筆者の場合、学校図書館にある資料（本・新聞・雑誌・データベース）を活用した学習を公開授業に充てている。他教科の教員も含め、授業の様子や生徒の学びを見て頂くことで、探究型学習の授業展開方法について考える場となっている。さらに、秋には全教科で学校の教育目標に関連した研究テーマを掲げ、教材研究を重ね、教育関係者などに広く公開し、授業内容をより充実・発展できるように公開研究授業大会を実施している。

　また、毎月末に定例の校内研修を組み込み、全教職員で教育に関わるトピックスを共有するとともに、8月の夏休み期間が明ける前には、リトリート大会と称して、各教科でテーマ性を持って、授業（教材）研究した内容を発表し、研鑽を積む機会が設けられている。リトリート大会では、1つの研修テーマにつき、50分という時間に制限があるため、「図書館で探究活動を進める上での活用法」と題して、教員を生徒に見立て、4人ずつのグループを編成し、多様なメディアを用いたワークショップ形式の研修を実施した。ねらいとして、図書館といえば、書籍から資料を探す、という先入観を持たれている教員もいるため、書籍のみならず、データベースや新聞・雑誌・統計資料からも情報を探し出せることを体感してもらいたかったからである。そして、生徒が「情報を分析する」ときに行う学習活動と同様に、資料を読み、キーワードと思われる語句を付箋紙に書き出し、出典や情報の新旧といったチェック項目

第2部　実践事例編／Ⅳ 読書指導を広げる

を見極める作業を行った。その際に、生徒が設定した課題に関連する資料としてフェイクニュースを見つけてきた場合に、教員がどのような対応をするかも検討した。このような研修を通じて、探究型学習を進める上でのメディアリテラシーに対する認識を確認するとともに、フェイクニュースといった新たな時流に教員が対応できるように授業での指導ポイントを検証する機会となっている。

5 導入するポイント

　教科の授業で探究型学習を取り入れるほかに、学年単位で実施する人権学習においても、新聞記事データベースを用いた事前学習を実施した。相対的貧困・LGBT などをキーワードとして記事検索をし、言葉の定義や問題点を記事から探し出した。

　この事前学習について、担任主導によって各クラスで指導していただいたことにより、教科を問わずデータベースを活用するきっかけとなり、授業だけでなく、進路指導の際にもデータベースを積極的に使用することができると好評であった。

　データベースを用いれば、パソコン・スマートフォン・タブレットと端末を選ばずに生徒に提示が可能となる。さらに、示した課題をもとに生徒自身が考えついたテーマに関連する記事検索を随時行えるという発展的な学びにもつなげられる。生徒が探究のプロセスを習得するには、1つの教科で1つの単元を実施したことで、すぐに身につくものではなく、様々な教科の授業の積み重ねによって養われるものである。学校図書館が探究型学習を行う場として機能するためには、各教科との連携がなお一層重要となる。そのため、情報科やデータベースを管轄する学校図書館が主導となって、教員を対象とした校内研修を実施するほか、学校全体として、情報の収集・整理を伴う学習活動を取り入れた授業を体系的にカリキュラム化し、他教科の授業も鑑みながら、柔軟に教科横断的な取り組みができる体制づくりを実現することが肝要である。

読書指導によって
コミュニケーションの
多層化を図る探究的な学習

岡山県立岡山南等学校　教諭　畝岡睦実

1 学校紹介

　本校は、商業科・国際経済科・情報処理科・生活創造科・服飾デザイン科という特色ある学科をもつ県下最大規模（各学年9クラス）の専門高校である。「実力を養う」「個性を伸ばす」「恥を知る」の校訓のもと、持続可能な社会・地域の作り手として「礼儀正しい実力派」と呼ぶに相応しい人材の育成をミッションに掲げる。

　昨今、高校教育の高度化を志向する動向へ注目が集まっている。本校においても、3年間の学びの集大成である課題研究をはじめ、学科毎に準備された探究的な学習が知的好奇心を高める。それらの学習では、教科等の横断的な資質・能力の1つとして、情報活用能力の育成を目指し、調べるための読書を多く取り入れている。学校図書館は、教科担当者と綿密な打ち合わせをしたうえで、それぞれのねらいに合わせて、資料提供などを行う。ただ本を貸し出すだけでなく、学習・情報センターとしての機能にも重点を置いた支援である。その結果、年間貸し出し総数は約13000冊に上る。

　一方、人間性を育むための読書も重視しており、その点での国語科の担う役割は大きい。また、生徒たちも主体的に読書推進活動を行っており、特に図書委員会には、年度を超えて継続している活動も多い。

　こうした各方面の取り組みが、読書によって育むべき資質・能力の育成に相乗効果をもたらしている。

2 実践概要

　高校生の不読率は上昇傾向にあり、高校生の読書離れは喫緊の課題である。2017（平成29）年3月には、新聞の投書欄にも「読書はしないといけないの？」という大学生からの投稿があり、その問いかけに答える特集も組まれた（朝日新聞2017年4月5日）。生徒たちにもその問いに関する答えを求めてほしいと、本の魅力や読書の意義を探究する単元「なぜ読書をするの？」を構想した。生徒による読書の意味付けである。

一次「本の魅力と出会う」

(1) 読む能力の涵養を目指して、小説『こころ』（夏目漱石）を読解し、作品を通して得られたものの見方や考え方を、他者と交流する。『こころ』は、これまで高校生が読んだ作品と比べ、高度な読みを要求され、小説の魅力を実感することができる作品の1つである。授業では、ジグソー法やバズセッションなどによって交流の場面を数多く設けた。

(2) 『こころ』の授業を通して感じた「本の魅力」を、自分の言葉で表現する。「小説に惹かれるのはなぜか」の問いに、「私たちが小説に惹かれるのは、逃れられない人間の運命を小説の中の人物と重ねて読むからだ。」「私たちは自分の足元に不可解さを感じながら生きている。私たちが小説を読むの

は、有る種の救いを求めているからだと言える。」などの発言があった。それを一歩進めて、「○○。だから、私は本を読む。」という形で、「読書名言」を創作し、披露し合った。最初の部分には、「自分が分からなくなる。」「自分と向き合い、他人を理解する。」「小説は今を生きるための教材だ。」「私にとって救いである。」などが入った。

二次「本の魅力をビブリオバトルで共有する」

　ビブリオバトルとは、読書推進やプレゼンテーション能力の育成を目

指して、全国的に広がりを見せている書評合戦である。発表者と参観者の間には、本の面白さや魅力を話題としたコミュニケーションが生まれ、それが読書のきっかけとなる。

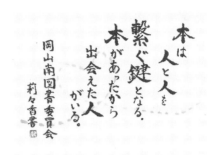

（1）図書館で、紹介する本の候補を複数冊選ぶ。今回は新たな本と出会う機会とし、選書の際には、普段読まないジャンルの本も手に取るように、生徒一人一人に読書傾向を尋ねながら司書と協働で助言した。家庭学習として、1冊に絞ってくることを課した。

（2）各自が選んだ本1冊を紹介し、その発表内容について質疑応答をする。班毎（各班4名）で予選を行い、各班の代表者による決勝戦を行う。最後に「最も読みたくなった本」に投票し、チャンプ本を決定する。書評とは、発表者が、その人間

性や価値観によって本を価値づけしたものである。ビブリオバトルは、本や自己との対話であることはもちろん、発表者と参加者同士の相互理解を深め、他者との対話を生み出す。

3 カリキュラム・デザインの工夫

(1) 芸術（書道）科・書道部との連携

書道の選択者が「読書名言」を創作し、自身の手で書作品に仕上げた。生徒は、自分の読書体験をじっくりと振り返り、作品化していく。

読書に関する深い思索が具象化し、個性的なものになった。完成後は、作品を互いに鑑賞し、表現や構成を評価し合った。また、書道部員は創作された「読書名言」の中から自己の心を揺さぶる言葉を選び、作品に仕上げた。それらは、図書委員が生徒や保護者の目に触れるように展示した。

(2) 図書委員会との連携

まずは、「読書名言」を本の中から探し出す活動から始めた。普段手にしない作家や評論家の著作を読むことで、読書の幅が広がる機会になった。偉人らの言葉に触れ、「自分たちも各々の思いを言葉にしたい」と、創作への意欲が掻き立てられた生徒たちから新しい企画が持ち上がった。自作の「読書名言」創作。「悩みの答えは本の中にある」「分厚い本を読むほど自分の人生も分厚くなる」。多くの名言が生まれた。「読書名言」の書作品は他校の図書委員にストラップにしてもらった。今年度は、他校生のアドバイスを受け、本校生徒がストラップ作りに挑戦する。「読書名言」による学校を超えた交流が広がっている。

国語科の授業と同時に、全校生徒を対象にビブリオバトルを開催した。授業でビブリバトルを体験し、その楽しさを知った生徒たちの熱は冷めず、盛会となった。学科や学年を超えて、初対面の生徒同士であっても、本を話題に会話は弾む。コミュニケーション能力を涵養する場として有効である。学校を超えた交流の場に、ビブリオバトル県大会がある。県内各地から集まった高校生が熱いバトルを行い、どの質疑応答も非常に盛り上がる。本校生徒は、数年にわたって全国大会に出場している。様々な場での読書に関するコミュニケーションがこうした成果をもたらす。

4 カリキュラム・マネジメントの視点

　様々な場面で「なぜ読書をするのか」という問いかけを行い、「読書名言」の創作やビブリオバトルを繰り返したことが、対話を生み出した。1人で自分と対話をして答えを作る。自分と異なる答えをもつ他者がいれば、そこでも対話が生まれる。他者と対話をしながら、自分の答えを作りなおす。問いの答えは、簡単に出ない。それが深い思考をもたらし、クラス、学年、学校を超えて語りあう場を作り、教科間を繋げた。コミュニケーションがコミュニティの枠を超えて多層化していった。

　生徒たちが創作した「読書名言」を保護者や教職員を見てもらった。作品として具象化しているので、伝えやすい。「面白いね」の感想が聞かれ、そのことが、保護者や教職員による「読書名言」の創作に繋がった。保護者や教職員の「読書名言」は「○○。だから本を読もう。」と呼びかける。「テレビを買わなかった大学4年間、本を読むしかなかったことが人生を支えるとは思いもしなかった！」「自分の気持ちを自分の言葉で表現してほしい」。こうした「読書名言」をきっかけとし、同じ本を読んで、家族と語り合う。生徒が家族に「読書名言」の感想を聴くワークプリントも、有効である。ファミリーフォーカスと呼ばれ、NIE（Newspaper in Education）で盛んな手法である。家族でできる活動を工夫することで、家庭にコミュニケーションの場が生まれる。それによって、生徒たちの自己効力感が向上する。

　文科省は、コミュニケーション能力を「いろいろな価値観や背景をもつ人々による集団において、相互関係を深め、共感しながら、人間関係やチームワークを形成し、正解のない課題や経験したことのない問題について、対話をして情報を共有し、自ら深く考え、相互に考えを伝え、深め合いつつ、合意形成・課題解決する能力」と定義する。「正解のない課題や経験をしたことのない問題」の質が、カリキュラム・マネジメントの鍵であり、探究的な学習における深い思考を生み出す。

5 導入するポイント

①単元は、学習過程で生じる認知プロセスを外化するパフォーマンスを課して、計画する。そのことが、学習者を能動的な学びに向かわせる。今回は、「読書名言」の創作やビブリオバトルが、それに当たる。

②各教科の探究的学習をマネジメントすることが、図書館では可能である。高い専門性を持った司書、司書教諭、そして図書館関係の教員が、各教科の学習を図書館で繋げる。図書館が、探究的な学習の実践事例をストックすれば、よりマネジメントしやすくなる。今回の「読書名言」の創作は、司書の取り組みからアイディアをいただいた。他の教科の学習内容に関する情報も貴重である。

③「読書名言」は、図書館で「返却日が記載されたしおり」の裏に印刷して利用者に渡したり、図書館便りに掲載したりするなど、様々な場面で紹介し、読書推進に役立てることができる。他校では、うちわ、ブックカバーなどのグッズにしたり、トイレや掲示板など校内のあちらこちらに掲示したりした実践例もある。

④ビブリオバトルは、「新書でビブリオバトル」「漫画でビブリオバトル」など、それぞれの学習レベルに応じた条件付けを行うと効果的である。「新書でビブリオバトル」は、これまで小説しか読むことのなかった生徒が新書と出会う場になる。進路指導、小論文指導としても有効である。

⑤ビブリオバトルの発展学習として、POP作りも計画できる。その際には、司書とティームティーチングで授業を行うと、効果的である。司書には、その専門性を生かして、デザインや字体などについての指導を担当してもらう。美術の授業や美術部との連携も視野に入れるとよい。

ビブリオバトルのPOP作り

図書館を使った探究的な学習の実践

長崎南山中学校・高等学校　企画構想部主任・図書主任　中島　寛

1　学校紹介

　本校は1940（昭和15）年、文部省の認可を受けて設立されたカトリック長崎教区経営の東陵学園の運営が1952年神言修道会に移管され、長崎南山学園が創立。当初は東陵学園があった東山手町で授業を行なっていたが、同年9月に聖地浦上に完成した白亜の新校舎に移転して現在に至る。浦上天主堂、平和公園をのぞむ緑豊かな教育環境に恵まれ、カトリックの教育理念に基づき「人間の尊厳のために」を教育目標に掲げ「高い人格」「広い教養」「強い責任感」の3つの校訓を定めている。近年では「リーダーシップ教育」のもと、グローバル人材育成に力を入れており、新しい学びに向けて様々な学校改革が進行中。

　大学入試改革に伴い、本校においてもカリキュラムをはじめとする様々な改革を推し進めるため、2017（平成29）年4月に「長崎南山学園学校改革プロジェクトチーム」（以下、改革PT）が立ち上げられた。改革PTでは、学校ビジョンの策定を中心に、学校の向かうべき未来を構想するための組織編制及び制度設計に着手した。また、構想したビジョンに向けての具体的な制度改革について各分野別にワーキンググループ（WG）で議論し、校内職員研修に落とし込んでいく形で進めてきた。さらに、改革を推進していくために分掌を再編し「企画構想部」を立ち上げ、研修制度を大幅に見直した。その中でも、月に一度の「職員研修日」を設定し、全職員での「授業研究」の実施は大きな変化であ

る。特に「探究的な学び」についての授業が盛んにおこなわれるようになった。

2 実践概要

本校における「探究的な学習」は、中学部の「読書科」の授業がその先進的な取組として注目されてきた（参考『高校授業「学び」のつくり方』稲井達也著、東洋館出版社に実践事例掲載）。

高校においても探究的な学習の在り方について議論が進み、様々な取り組みが始まっている。今回はその中でも図書館を使った実践について紹介する。

本校の図書館は、図書主任と司書、そして図書委員会の生徒が連携・協働しながら「文化・学びの拠点」として整備を進めてきた経緯がある。そのため、図書委員会活動が盛んで、県の高等学校文化連盟図書専門部に加盟し、様々な図書館活動を生徒が主体になって行っている。特に図書館広報紙作成や本の書評合戦「ビブリオバトル」等に、積極的に取り組み、図書館に関わる生徒を育成し、探究的な学びの土台つくりを行ってきた。図書館の入館者数や利用率は県内でも屈指の高さを誇る（長崎県高文連図書専門部調べ）。また、先述の中学校の「読書科」の授業をはじめ、高校では「論理コミュニケーション」（一般社団法人 SFC フォーラム）の授業も図書館で行われている。いずれも授業の中で、図書資料を使用し、自分のテーマについて掘り下げていく機会が設けられているからだ。つまり、本校の図書館は、「学び」や「体験」を深めるための「機能」を重視した「使える図書館」を目指して運営している。

高校における「探究的な学び」の実践は、主に国語科、社会科、理科が中心となって取り組んできた。特に国語科の授業では教科書で扱うテーマに応じて図書館との連携を図っている。例えば、高校 2 年生の現代文 B「評論文 3」では、情報化社会を題材として「書物の在り方」がテーマになっている。そこで、教科書で取り上げられている筆者の考え方

を整理したうえで、書籍の電子化やインターネットの急速な普及により、将来書籍の在り方がどう変化するか仮説を立て、関連資料や図書資料を用いて仮説を証明していく授業を展開させている。この授業の一連の流れを簡単に説明すると次のようになる。

教材：教科書【東京書籍】高校2年　現代文B評論文3
①「おじいさんのランプ」宇野常寛著、②「書物の近代」紅野謙介著、③「読み書きする身体」港千尋著

時　間	授　業　内　容
第1時間〜第5時間	①〜③の内容を整理し、紙と電子媒体について考え、その内容を文章化し、ポートフォリオ（クラウド上）に入力する。《主体的な学び》
第6時間	三つの作品をもとに、グループで「書籍の未来」について話し合う。《対話的な学び》※協同的な学習
第7時間	これまでの授業で学んだことと、話し合いでの結果をもとに、「書籍の未来のあるべき姿」について、自分なりに仮説を立てる。《主体的な学び・深い学び》
第8時間	仮説を証明するために、図書館の資料やインターネットを使用し（タブレット使用）、論文等を読み込み、調べた内容を根拠として「書籍の未来のあるべき姿」について、文章化する。《主体的な学び》※探究的な学習
第9時間	再びグループで文章化した内容をもとに意見交換し、自分の意見について更に加筆修正を加え、完成したものを発表する。《主体的で対話的な学び》※協同的な学習
第10時間	最後に、最初の自分の意見（ポートフォリオを見て）がどう変化したかをあらためて振り返り、再びポートフォリオに入力する。《主体的で深い学び》

　この授業では、教材を題材にして、一つのテーマについてそれぞれが掘り下げていく過程の中で、多くの図書資料や論文を読むことになる。つまり、主体的に自分の意見を持つための探究的スキルが形成されていくことが重要になってくる。実際に生徒たちはこの一連の流れにおいて、図書館でレファレンスを受け、図書資料を探したり、論文検索の仕方を学んだり、参考文献の書き方、図書館の使い方を学んでいく。それが、その後の探究的な学びや活動の土台となり、高校3年生の受験期には総合型選抜入試（現行AO入試）などにおいて自己の進路を切り拓く

力となっていくと考えている。本校において特に内部進学生（中学から在籍し、探究型学習である「読書科」の授業を受けた生徒）は、この探究のスキルが身についており、多くの生徒が大学受験期には AO 入試等で進路を切り拓いている現状がある。

3 カリキュラム・デザインの工夫

　図書館を活用する「探究的な学習」において重要なことは、授業者と司書との協働である。学校司書は資料収集や蔵書管理を担い、生徒や教師のリクエストに対応する。したがって、カリキュラムをデザインしていく上で学校司書との連携は不可欠である。学校司書は資料提供の視点からカリキュラム全体を検証し、必要な資料収集の計画を立てるだけでなく書籍の購入計画も立てる。本校の場合、中学校の「読書科」で必要な資料収集を行っているため、様々な分野の資料が計画的に集められ、それを高校における探究学習の資料収集にも活用している。この経験はやがて資料リストや、「パスファインダー」として蓄積されその図書館の資産となっていく。

　このように、図書館を使った「探究的な学習」におけるカリキュラム・デザインの工夫として次の視点が必要であると言える。
(1) 探究の仕方を学ぶ・・・調べ方、探し方、ネット検索の仕方
　　　　　　　　　　　　　　　図書館の使い方などを学ぶ。
(2) 資料収集計画・・・・・必要になる資料をどのように集めるか。
(3) アウトプットの方法・・論文作成・プレゼン（発表）の仕方など
(4) ポートフォリオの形成・・・学びの履歴として、自己の取り組みを
　　　　　　　　　　　　　　　記録し、自身の学びを振り返る。

　以上を探究的スキルの基本として、様々な探究活動の中で活用できるようにカリキュラムをデザインしていく。

4 カリキュラム・マネジメントの視点

　「探究的な学習」のカリキュラムについては、「実践研究」や「授業研究」が極めて重要となる。実践を通じて生徒の資質や能力がどのくらい高まったのか検証しながら、その方策について議論しなければ、その学校の特質や実情とかけ離れたものになってしまうからだ。

　現在、様々な学校で多様な実践が行われ、外部の研修会や勉強会に参加する教師が増えている。しかし、理想的な実例や成功例をそのまま鵜呑みにし、自校においてシステム化することは失敗の原因となる。そこで、まずは「現状の分析」、「課題の分析」が必要となる。例えば、本校の場合は男子校で6割近い生徒が運動クラブに所属している。放課後は部活動に取り組み、自学的な主体性のある学びの時間をどのように作り出すかということから課題として上げられている。もちろん部活動も教育活動の重要な場と捉え、競技力向上以外にも指導者が育成したい資質や能力を明確にし、そこに向けたプログラムの実施が求められていく。また、コースにより進路選択が異なるため、そのコースの特性を考えたうえでカリキュラムをデザインしていくことが重要になる。そして、何より生徒に「どのような力」をつけるために、「どんな学び」を目指していくのか、それぞれの教科で議論を深めることが前提となる。したがって、授業や様々な教育活動の中で、いわゆる学力の三要素（1基礎的な知識・技能、2思考力・判断力・表現力等の能力、3主体性・多様性・協働性）の育成を目指す視点が共有されているかが問われる。その視点に立ったうえで、すでに機能不全に陥っている教育活動を大胆に見直していくことも必要である。

　いずれにせよ、教育活動全般にわたって、学校の教育目標を具体化したカリキュラム・デザインが必要であり、そこに「探究活動」をどのように位置づけていくか全職員で議論を深めていく必要があると考える。また、「探究活動」が子どもたちの資質や能力を伸ばしていくという認識と、探究活動を支える重要な機能を、図書館が担っているという認識

が共有されていかなければならない。

5 導入するポイント

本校は、新しい学びに向かって学校改革のまさに途上にある。

私学である本校において、その改革の目的に「生徒募集」という少子化時代の生き残りをかけた戦いがあることは否定できない。しかし、よりよい「学校文化」を創ることこそが、選ばれる学校となり、時代の求める人材の育成につながっていくのは間違いない。そのための学校改革であり、カリキュラム・マネジメントであると考える。そして、これらの実現にはトップリーダー（管理職）の強い指導力も必要だが、学校文化の創造という観点では、ミドルリーダーが組織の駆動力としての役割を果たしていくことが重要であると考える。

教育活動に直接かかわりながら現状の課題を認識し、俯瞰的な視点で学校全体を見ることができるミドルリーダーが青写真を描くことで、より現実的で有益なカリキュラムがデザインされる。また、すでにある豊かな経験値を活かすこと、そしてそれらを組み合わせる知恵がカリキュラム・マネジメントにおいて大切だと考える。本校における図書館を使った「探究的な学習」も、図書館の果たす役割やその機能を活かす視点から中堅の教師が中心となって議論を進め、形にしてきた。もちろん、PDCA サイクルの中で、より進化させていくことや新たな視点を注入していくことも重要だが、まずは動かし、そして形にすることが極めて重要であると考える。

「主体的で対話的な深い学び」には、探究的な学びの視点が必要である。それを支える図書館の機能の重要性を共有していくことが求められている。そのために、質の高い「授業研究」、「校内研修」の在り方を組織的に考え、実行していくミドルリーダーの育成が、今まさに問われている。

V 1年間を通じて探究学習を具体化する

1 探究的な学習を研究論文に結実させる
―5,000字研究論文の取組―

東京都立桜修館中等教育学校　校長　鳥屋尾 史郎

1 学校紹介

　本校は、2006（平成18）年に、都立大学附属高等学校を母体校として開校した公立中高一貫教育校である。東京都目黒区にあり、公園、図書館、コンサートホールに隣接して、木々の緑の美しい良好な学習環境の中にある。

　本校は「真理の探究」を校訓とし、「6年間の一貫した教育活動の中で、世界の中の日本人としてのアイデンティティをもって国際社会を担う人材を育成する」ことを教育方針としている。自らの人生を切り開き、たくましく生きていく、そして国際社会に貢献することができる生徒を育てることが、本校の目指す教育である。

　特色ある教育活動に「論理」の学習がある。「国語で論理を学ぶ」「数学で論理を学ぶ」を1年生から3年生で学習し、5年生において生徒が自分自身でテーマを決める5,000字研究論文に取り組んでいる。また、国際理解教育では、2年生で国内での英語合宿、4年生でニュージーランド姉妹校での語学研修、4年生、5年生では英語だけではなく、ドイツ語、フランス語、中国語、ハングルといった第二外国語の学習、5年生ではシンガポール修学旅行も行っている。

　一方で、生徒による自治的な活動も活発であり、三大行事である「クラスマッチ」「記念祭」「合唱コンクール」は「幹部」と呼ばれる生徒自身によって自主的な企画、運営されていて、生徒の成長に大きく資する

活動となっている。

2 実践概要

　本稿で紹介するのは、5年生で実施している「5,000字研究論文」の取組である。東京都では公立中高一貫教育校の人気が高く、本校に入学してくる生徒たちも、高倍率の適性検査を合格した生徒たちである。しかし、小学校を卒業したばかりの生徒たちは、思考力、判断力、表現力に特に優れているわけではなく、前述した「国語で論理を学ぶ」「数学で論理を学ぶ」の学習や、学校行事と関連させた「総合的な学習の時間」における探究的な学習活動を通して、1年生から学習を積み上げていく必要がある。具体的な取組として、図1にあるように、1年生では、主に身の周りの事象、例えば「自然」「環境」「地域」「人間関係」といった内容の中から生徒自身がテーマを設定し、自発的な研究を行って小論文を作成している。小論文に取りかかる前には、課題の設定の仕方や仮説の立て方、仮説の検証、結論と考察の仕方といった論文作成の基礎学習を行っている。さらに、2年生では「国際理解」「表現活動」「情報活用」、3年生では「日本文化」「平和学習」「キャリア教育」というように、学校行事や「総合的な学習の時間」と連動させながら、生徒たちが次第に広い視野をもって研究を進め、小論文を作成することができるように計画を立てている。

表1　前期課程における論文学習について（桜修館教育課程グランドデザインから抜粋）

前期課程		
1年生	2年生	3年生
論文作成の基礎学習		
〔テーマ〕 自然・環境・地域・人間関係 ○入門編としてテーマに沿った様々な体験を通して研究の基礎を身に付ける。	〔テーマ〕 国際理解・表現活動・情報活用 ○体験を通して自己を表現するとともに、他者を理解する。	〔テーマ〕 日本文化・平和学習・キャリア教育 ○興味関心に沿ったテーマを選択し、学びを深める。

作成した小論文は各学年で論文集にまとめ、生徒同士で互いにどんなテーマを設定し、論文を書いたのかを共有できるようにしている。また、各クラスでグループ内発表、優秀な作品を互選して学年集会での発表など、発表の場も設けている。

　前期課程における小論文の書き方の学習の成果の上に、後期課程での論文作成指導がある。生徒一人一人がどのようなテーマを設定するかの指導は、４年生から始まる。前期課程の学習を通して、自分がどんなことに興味・関心をもつようになったのか、将来、自分がどんなことを大学で学びたいのか、さらにはどんな職業選択をしたいのか、といったことも考えさせながら、テーマを設定するように指導する。このテーマ設定は、生徒が最も時間をかけ、かつ悩むところである。そこで４年生では年間２回程度、学生の論文作成の指導にあたっている大学教授を招聘し、学術論文のテーマの設定の仕方、問いの立て方、検証方法、先行論文の検索方法等を具体的に指導してもらっている。今年度も大学教授の指導が行われたが、特に先行論文をきちんと調べることの重要性を強調して御指導いただいた。こうした準備の上で、５年生において、実際に5,000字の研究論文の作成に生徒たちは取りかかることになる。

　先行論文を検索し、自分が研究しようとする分野の複数の論文をよく読み込み、自分の研究論文の独自性を考察させる。そして夏季休業等を活用し、大学や研究機関、企業訪問を行ったり、いくつかの実験を繰り返したり、あるいはフィールドワーク、アンケート調査を行うなど、生徒一人一人が、それぞれの研究テーマに即した仮説検証を行う。検証内容を考察に結び付け、自分なりの結論を導いて、12月末に5,000字研究論文を完成させて提出する。

　また、５年生で完成させた研究論文を、さらに、６年生において英文に直させ（概要版）、提出させる。

第2部 実践事例編／Ⅴ 1年間を通じて探究学習を具体化する

表2　生徒の研究論文のテーマ例

○日本の住宅寿命はなぜ短いか〜米国との比較

○自宅培養ヨーグルトの研究

○適切な発話速度は状況に応じて変わるか

○エスカレータ止まって乗るか歩いて乗るか

○文章の「古さ」「読みにくさ」についての一考察

○プラスチック素材の耐久性と製品用途

---

3 カリキュラム・デザインの工夫

　以上のように、生徒たちには5年生だけ論文作成に取り組めばよいのではなく、1年生から学年ごとに小論文を書く練習を行い、その最終的な成果として5年生での5,000字研究論文を作成している。本校の教育活動の中でも、論文作成はとても大きな時間とエネルギーを占めている。

　文章を書く練習については、国語科や「国語で論理を学ぶ」でも行うが、国語以外の教科や学級活動等においても、多くの時間を割いて学習する。一方で、各学年における論文作成の際の、課題を設定する時間や、研究・仮説検証に費やす時間は、毎日の家庭学習や長期休業中の宿題として行われる。5年生になって5,000字研究論文を書くときも同様で、本取組は本校の主要な取組ではあるが、教育課程の「教科」に位置付けられているわけではなく、教科や「総合的な探究の時間」、学校行事等の特別活動が横断的に関係し、「探究的な学習」が機能している中で実施されている。ここに、本取組のカリキュラム上の大きな特色がある。本校では、全ての教育活動が「真理の探究」を目指す探究的な学習であるべきだと考えられていて、その具体的な成果として5,000字研究論文があることから、本取組は教育課程の中で、教育活動全体に関わって存在していると言うことができる。

107

4 カリキュラム・マネジメントの視点

　本取組を進めるにあたって、指導体制を考える上で大切な点は、生徒の多様なテーマに対応するのに、従来の教科指導の枠組みでは不可能であるということである。先述したように、生徒が研究テーマを設定する際には、自分の将来を見据えながら、自分が研究したい内容を自由に考えさせている。生徒が研究したい内容が、従来の教科の学習内容の範囲内で、教員の教科専門性内の対応できることもあるが、生徒が優秀であればあるほど、興味・関心をもつ内容や、将来携わっていきたいと考えている分野は、教科の枠から大きくはみ出してしまうことが多い。

　また、研究テーマが教科に属している内容であっても、教員の対応できるレベルよりもはるかに高いレベルであったり、最先端の学術内容であったりすることもある。特に、情報、先端技術、理学、建築、医学といった分野では、新しい情報を生徒はウェブから入手し、最新の論文を積極的に読み、自分で獲得した知識を踏まえて研究を進めようとする。教員は自分のもっている知識や技術を、生徒の指導を担当しながら、常に刷新していく必要性に迫られる。

　こうしたことを踏まえながら、本校の5,000字研究論文の指導体制は、1年から6年の各学年の担当者によって構成する「論文委員会」を中心に据え、管理職も含め全教職員で生徒の論文作成を指導する。教員一人が2名～3名の生徒の指導にあたることになる。

　提出された論文を審査し、表彰対象となる優秀作品を選ぶために、有識者による論文審査委員会も行われている。研究論文を読み、その内容から生徒の研究論文への取組状況だけでなく、本校の教育活動全般に及んで提言をいただくこともある。先行論文をいかに研究し、自分の研究成果を際立たせられているか、といった内容が委員会では検討され、得られた提言は教職員全員に伝えられ、授業内容や教育課程全体の見直しにまで生かされている。

5 導入するポイント

　本校と同様に、研究論文等の作成を生徒に課している高校や中高一貫教育校は多くあり、その成果についてもよく聞くところである。

　本校の研究論文を作成させる学習の特徴は、教育活動の基本理念そのものが「真理の探究」であることも関係し、授業や特別活動、「総合的な学習（探究）の時間」など、教育活動全般の中から生徒が自らの課題を発見し、情報を収集し分析して考察していく学習活動であるというところにある。また、論文作成を実際に生徒が取り組む該当学年だけで、学習が行われるのではなく、6年間の学習活動全体の中で、1年から基礎学習が行われ、学習が積み重ねられていることにある。指導体制においても、特定の学年や教科が担当するのではなく、管理職を含めた教員全体で取り組んでいることもある。

　先述したように、情報、先端技術、理学、建築、医学といった分野は、教科の枠を超えるだけでなく、教員のもつ知識を超えた最先端の研究内容を生徒たちは取り扱うようになる。高校段階で生徒にこうした先端の学問内容に取り組ませることが、本校の教育レベルを向上させていく上で、きわめて重要になっている。近年、STEM教育の必要性が言われるようになり、特にその中でも工学や技術に関わることは、普通科の学校では、通常では教科として取り上げられていない。しかし、このような研究論文の取組では、普通科高校における従来型の理数教育の枠を超えて、高い知識や技術を生徒が獲得し、より高い知性を身に付けていくことが可能であり、有効な教育活動である。

　これからの時代を生きている生徒たちが、人生の中で直面する課題の中には、あらゆる知性を動員して思考していかねばならない問題もある。教科の枠にとらわれず、身に付いた全ての知識により課題解決を図る力を身に付けることの必要性を、学校全体で共通理解し、生徒にも理解させながら進めることが、こうした研究論文の取組を導入するにあたって、考慮していくべき最も重要な道筋であると考える。

1年間を通じて探究学習を具体化する

国際バカロレアにおける探究的な学習
―パーソナルプロジェクトを事例に―

秀光中等教育学校　校長室長　加藤聖一

1 学校紹介

　秀光中等教育学校は1995（平成7）年、「至誠、質実剛健、自治進取」の建学精神の下に開校した。2018（平成30）年4月に仙台育英学園高等学校秀光コース、2021（令和3）年4月に秀光中学校（計画中）を設置し、併設型中高一貫校として組織改編することを計画している（以下、秀光中等教育学校と仙台育英学園秀光コースのことを秀光という。）。

　秀光は国際バカロレア（International Baccalaureate 以下、IB）の認定校であり、11歳～16歳を対象とした学習プログラムのMYP（Middle Years Programme）と16歳～19歳を対象とした学習プログラムのDP（Diploma Programme）を導入している。

　秀光の課題に、社会に開かれた教育課程を備える体系的な教育全体計画の不十分さがある。秀光では、「探究型概念学習」（大迫 2016.p46）に基づく全人的な教育を促すIB教育の導入を機に、グランドデザインの見直し、カリキュラム・マネジメントと組織マネジメントの再構築、探究的な学習の実践に取り組んでいる。

2 実践概要

　MYPでは、高校1年生の時期に「パーソナルプロジェクト（Personal Project 以下、PP）」を学習する。PPは、「生徒がIBの学習者像に近づくことを助け、MYPを通して育んだATLスキル[i]を発揮する重要な

機会を提供し、生涯にわたり自主的に学ぶ姿勢」（プロジェクトガイド 2014. p5）を育むことを目的に、生徒が「自分自身にとって本当に大切な作品や成果を生み出し、MYP における学習の総括を示す」（プロジェクトガイド 2014. p5）探究型プロジェクト学習として設定されている。

　生徒は前述のねらいを持った PP に中学 3 年生の11月頃から高校 1 年生10月頃までの約 1 年間、下記のように進め、プロセスジャーナル[ii]、成果物、報告レポートを提出する。

【PPの進め方】

①プロジェクトのテーマを決める → ②プロジェクトの計画を作る → ③必要な材料を収集する → ④プロジェクトに取り組む（プロセスジャーナルへの記録を含む）→ ⑤プロジェクト（成果物）を発表する → ⑥報告レポートにまとめる

　下記では一人の女子生徒を事例に実践例を紹介する。

　同生徒は、秀光の中学 2 年生からコントラバスをはじめ、演奏会にも頻繁に行くようになったが、演奏会のチラシに「未就学児童のご入場はできません。」という注意書きがあることに衝撃を受けたことから、保育園で20分ほど幼児向けのコントラバス演奏会（写真 1 ）を開催するPP を企画した。同生徒が考えた計画は表 1 のとおりである。こういった個人的な興味や問題意識を引き出すため、秀光ではプロジェクト開始時に「PP マインドマップ」（写真 2 ）に取り組ませている。

○タイトル
　「幼児に向けたコントラバスとピアノの演奏会」
○プロジェクトの目標
　①幼児における音楽教育、②幼児の気質、特徴、③日本の自殺件数とその原因、④音楽の効果について調査を行い、幼児に合った演奏会を開く。
○使用したグローバルな文脈
　アイデンティティと関係性

○使用した ATL スキル
　A．調査：リサーチスキル、B．計画：自己管理スキル、
　C．行動：コミュニケーションスキル、協働スキル、思考スキル、
　D．振り返り：振り返りスキル
○ IB の学習者としての成長
　探究する人、考える人、挑戦する人、振り返りができる人

同生徒は、PP を通して地球規模的にものを見たり、考えたりする視点であるグローバルな文脈[iii]に「アイデンティティと関係性」を選択した。これは、「演奏会を通して音楽を楽しいと感じてもらえれば、それが精神的健康にも将来的につながってくる」と考えたためである。「D．振り返り」ではプロジェクトの省察をすることに加え、「音楽は人と人をつなげるだけでなく、精神的な不安や疲れを取り除き、自信を与えてくれることを実感した」と振り返っており、IB の学習者としての成長を実感したようである。

〈写真 1〉　　　　　　　　　　〈写真 2〉

 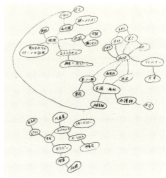

〈表 1〉

月	アプローチ
5 月	PP 第一回面談（5 月 8 日、学校）、ピアノ伴奏者決定、演奏可能な施設は探せず（5 月 26 日）、個人レッスン（6 月 3 日、学校）
6 月	曲決め（6 月 16 日）、PP 第二回面談（6 月 17 日、学校）、個人練習（6 月 17～30 日、学校と家庭）
7 月	個人練習（7 月 1～31 日、学校と家庭）、PP 第三回面談（7 月 12 日、学校）、個人レッスン（7 月 17 日、学校）、伴奏合わせ（7 月 27～28 日、家庭）

| 8月 | 個人練習（8月1〜19日、学校と家庭）、曲変更（8月8日）、保育園に訪問する（8月15日）、伴奏合わせ（8月20日、家庭）、演奏会本番（8月20日、保育園）、振り返り（8月21〜31日） |

3 カリキュラム・デザインの工夫

　中学3年生から高校1年生にかけてPPを生徒が円滑に進められるように秀光では以下のような実践に取り組んでいる。

　中学1年生では、福島県会津若松市と山形県での研修を行う「グリーンスクール」を夏季休業前に実施する。この研修では、山形蔵王が育む自然環境を観察することや地域の方々から自然との共存の在り方を学習することで、持続可能な社会の構築への意識付けを行っている。

　中学2年生では、上記の「グリーンスクール」に中学1年生とともに参加することで、1年間で伸長させたATLスキルについて"指導者"として1年生に指導しながら振り返り、2年生としての目標を設定させている。さらに、会津若松市が取り組み始めているスマートシティ構想について学習することに加え、山形県内の"グローカル企業"での職場体験を通じたキャリア教育も行っている。また、「ワールドピースゲーム」[iv]を開催し、SDGsの達成に必要なATLスキルについて気づかせるとともに、世界が抱える問題の構造を理解する機会としている。

　中学3年生では、「グローバルリーダーシップ研修」をカナダ・ビクトリアで実施している。同研修はカナダのMYP・DP認定校と共同で行っており、生徒はIBの学習者像、ATLスキルの考え方に沿ったプログラムに約2週間取り組んでいる。特に、現地の社会福祉施設で奉仕活動に取り組み、世界が抱える問題を身近な課題として捉える機会としている。また、デザインプロジェクトというプロジェクト学習の中で、世界が抱える問題とリンクした身近な課題の解決にむけたアイディアを創造する取組も行っている。

　前述のように、中学1年生から中学3年生の成長過程の中で、世界や

身近な環境、そして自分自身をリンクできるようになっていき、PP の
アイディアを中学 3 年生から高校 1 年生にかけて創造できるカリキュラ
ム・デザインとしている。

4 カリキュラム・マネジメントの視点

　IB 認定校として重要なマネジメントは、自校の理念・教育目的と IB
の考え方を発展的に融合させたグランドデザインを創造することにある
と考えている。秀光では、MYP 導入を機にグランドデザイン（図 1）
を策定した。グランドデザイン策定にあたっては特に「人間性」を生活
面から、「学びに向かう力」を学習面から生徒に自己認識させ、発展を
促していくものとして分けて捉えた。

　グランドデザインを策定した後、具体的に「人間性」と「学びに向かう
力」を段階的に育むため、「学年別カリキュラム一覧表」を策定した。これ
により教科横断的な授業づくりの視点を、「人間性」「学びに向かう力」、
そして PP に直結する「グローバルな文脈」を軸にしながら各教員が持て
る仕組みとしている。

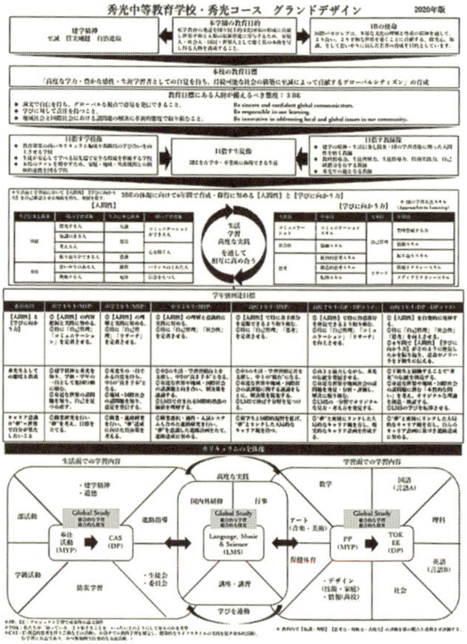

　秀光で「学年別カリキュラム一
覧表」の策定がスムーズであった
要因には、単元計画書を各教科で
全単元分作成していたことが挙げ
られる。MYP における単元計画
書の作成方法の概要は、教科特有
の概念と教科横断的な「グローバ
ルな文脈」を用いて単元を貫く探
究テーマを設定し、そこに迫るた
めの指導と学習内容を記載してい
くというものである。

　このように PP というプロジェ

〈図 1〉

クトが、グランドデザイン、年間指導計画、各教科単元を通じて中学1年生から学年横断的・教科横断的に結びついたものにしている。

5 導入するポイント

PP はその名称のとおり、「個人的（パーソナル）」な性質をもっているものであり、教員による生徒への支援や教員同士の支援が重要になる。

秀光では PP を実施するにあたって、生徒のテーマに即したスーパーバイザー（指導教員）を割り当て、生徒への支援を行っている。この際、「学問的誠実性」を含めた学術的なルールや進捗へのアドバイスを行う役割がスーパーバイザーであることを徹底している。

教員同士の支援は、「Collaborate Planning Meeting」の中で行っている。これは全教員を対象に、毎週火曜日の放課後50分程度を研修・研究・会議のための時間として設定したものである。この中で教員は PP に関する情報共有や協働学習を行っている。

以上のような組織的な支援は、他の学校においてプロジェクト学習を実施する上でも不可欠な要素であり、同時に「探究的な学習」を成立させる重要なファクターであることを実感している。

〈参考文献〉
(1) 大迫弘和（2016年）『アクティブ・ラーニングとしての国際バカロレア―「覚える君」から「考える君」へ』日本標準
(2) 国際バカロレア機構（2014年）『原則から実践へ』、『プロジェクトガイド』

〈注〉
i 「ATL（Approach to Learning）スキル」は、「生徒が生涯にわたって学習を享受するために必要な自己認識やスキル」（原則から実践へ 2014.p26）を発達させ、「学び方を学ぶ」ことを目的に教科等で使用している。
ii プロセスジャーナルとは、プロジェクトの初めから終わりまでを書きとめた進捗記録のことであり、学習行動や学問的誠実性を実証するものである。
iii PP では、「自らの探究の妥当性（なぜ重要であるか）を立証」（プロジェクトガイド 2014.p24）し、プロジェクトの焦点となるものとしてグローバルな文脈を1つ選択しなければならない。
iv 1978年に米国の小学校教師であったジョン・ハンターが考案した世界の課題を解決するシミュレーションゲーム。

1年間を通じて探究学習を具体化する

探究の力を育む課題研究

神戸大学附属中等教育学校　指導教諭　岩見理華
神戸大学大学院人間発達環境学研究科　准教授　林　創

1　学校紹介

　本校は、2009（平成21）年に神戸大学の附属学校再編計画に基づいて創立された中等教育学校である。前身の附属住吉中学校及び附属明石中学校を母体にして、新たに後期課程（高校段階）を創設し、中高一貫教育を行なっている。学級数並びに生徒数は22学級784名である（2019年4月1日現在）。将来的には、各学年3クラスの計18クラス規模になる予定である。

　本校では、神戸大学の「教育憲章」のもと、「国際的視野をもち、未来を切り拓くグローバルキャリア人の育成」を教育目標に掲げ、教育憲章の4つの視点（人間性、創造性、国際性、専門性（中等教育では教養基礎））の教育に符号した教育実践を行っている。また、国立大学附属学校の使命である教育研究を重視し、教育実践研究を進めている。

　本校は、2014（平成26）年にESD（持続可能な開発のための教育）の推進拠点とされるユネスコスクールに認定され、2015（平成27）年にはスーパーグローバルハイスクール（SGH）指定校となっている。グローバルキャリア人育成の核として、「見つける力」「調べる力」「まとめる力」「発表する力」及び「考える力」の5つの力を位置付けている。これらの力を教科教育や「総合的な学習の時間（総合的な探究の時間）」、さらに様々な教科外活動を通じて、総合的な教育体制の下で育成し、探究の力を育むことを強調している。

2 実践概要

(1) 探究的な学習の要「Kobe プロジェクト」

　本校における探究的な学習の特色の第1は、「総合的な学習の時間」を「Kobe ポート・インテリジェンス・プロジェクト」と称して、課題研究を中心に、6年間で一貫した「リサーチリテラシー」(研究を遂行するために必要な基礎的能力) の育成を行っている点である。

　具体的には、東京大学附属中等教育学校の実践をモデルに、卒業研究を見据えて段階的に育成している。前期課程1〜3年 (中学1〜3年に相当) では、1・2年生での「探究入門」、3年生での「課題学習」によって、グループを構成しながら、探究的な学習の出発点となる「物事を調べ、まとめ、発表する」というプロセスを身に付ける指導を行っている。後期課程4〜6年 (高校1〜3年に相当) では、「グループから個人へ」「学習から研究へ」の転換を図り、4年生で「課題研究Ⅰ」、5年生で「課題研究Ⅱ」、6年生で「課題研究Ⅲ」を設定している。卒業研究は、生徒が本校に入学以降、一貫して学び体験してきたことを踏まえ、主体的に「研究テーマ」を設定し、蓄積してきた知識や技能、思考力を総動員するもので、各自が18,000字程度の論文にまとめるものである。本校では、「グローバルキャリア人の育成」をめざす教育の総仕上げとして、この卒業研究を位置付けている。

　前述の通り、本校はユネスコスクールに認定され、スーパーグローバルハイスクール (SGH) 認定校となっている。現在のグローバル社会の諸課題解決には、生徒が「地球安全保障」について主体的に考え、行動することが重要と考え、「神戸から発信する『地球の安全保障』への提言」を SGH 課題研究の全体テーマとしている。

　SGH 指定によって、課題研究の指導の大枠と方向性が定まり、大学教員の協力体制ができたことから、生徒間・教師間共に、研究の具体的方法と、探究を通じて育まれるべき資質・能力とされる批判的思考やメタ認知についての理解が深まった。また、本校が掲げる「見つける力」

「調べる力」「まとめる力」「発表する力」及び「考える力」を、6年間でどう育成し、評価するかについて、シラバスやルーブリックなどの作成が進んだ。この間の実践成果は、「ESD大賞高等学校賞」の受賞、『探究の力を育む課題研究』（学事出版）の公刊などに結実している。

（2）探究的な学習の多面的展開

第2の特色は、教科教育や様々な教科外活動を通じて、総合的な教育体制の下で実践を試みている点にある。

具体的には、ユネスコスクールの特色を生かし、SGH指定に際して、教科横断型の特設学習領域「ESD（中学「社会」の一部）」「国際理解（「現代社会」の一部）」を設定した。設定のねらいは、地球的課題に対する探究には、教科横断的視点が必要不可欠であることを自覚させようという点にあった。また、「生物多様性」をテーマにした理科と社会科教員による連携授業の実施、保健体育、家庭、栄養、養護教諭から構成される「ヘルスプロモーション部会」の設立も特記できる点である。

教科における探究では、地歴科の研究開発事業によって「地理総合」「歴史総合」（新学習指導要領を反映）を創設したことが典型である。両新科目は暗記学習の牙城であった地歴学習を、主題学習を盛り込んだ思考力育成学習に転換させた。また、教科等の教育目標の一つとして「課題探究力」を位置付け、各教科で探究的な学習を展開している。ここでは、協同による話し合いを重視しており、「主体的・対話的で深い学び」を組織する上で、有効な学習法と考えている。

探究は、学校行事などの教科外活動でも行われている。なかでもSGH指定を受け、国際交流や海外派遣事業、国内調査活動をグローバル・アクション・プログラム（GAP）として組織した。GAPでは、異文化体験を通して課題を発見したり、学びの深化につながったりする場合も多く、広く探究的な学習の一環をなしている。

3 カリキュラム・デザインの工夫

　本項では Kobe プロジェクト後期課程の課題研究に絞って紹介する。

　「課題研究 I」（4 年生）は、まず、課題研究とは何かを理解するために、『大学生のためのリサーチリテラシー入門』（山田・林、ミネルヴァ書房、2011）を用いて、研究の基礎力を指導している。続いて、夏休み前から担当教員が週 1 回のペースで個別「講座」を開講し、中間発表、8,000 字程度の習作執筆、最終発表を行う機会を設定している。

　「課題研究 II」（5 年生）では、SGH 全体テーマをもとに 4 研究領域を設定し、各個人がより具体的で深いレベルの課題を設定して研究に取り組むように指導している。また、課題テーマが類似した生徒 7 〜 8 名程度を担当教員がゼミ方式で指導している。最後に、18,000 字程度の研究論文の提出を求め、全員がポスター発表を行う機会を設定している。

　「課題研究 III」（6 年生）では、「課題研究 II」のテーマを継承しつつ、論文の加筆修正を行って、最終論文として完成させると共に、和文・英文の要約を作成する。また、全員が最終発表会で口頭発表を行い、研究活動を締めくくる。

　これらの授業に共通させている工夫として、期限を指定して課題報告等を提出させたりすることで、全体のペースを設けている。授業時間中は研究の進捗状況を報告すると共に、生徒同士が批判的友人として議論し、研究を進めていくことを重視している。この過程が生徒の批判的思考力を高めることになる。また、教師の役割は、いろいろと指図することではなく、生徒自身の自問自答を促す点にあることを共通意識としている。これにより、生徒は自分の考え方や観点の偏りに気づき、メタ認知を育む機会となっている。さらに、校内で完結せず、外部の教育力を活用する工夫もしている。具体的には、専門的知見を補う上で、「卒業研究アドバイザー」として神戸大学院生の支援を得ている。評価は本校独自の規準で実施している。優秀者発表会を設け、学外者にも広く紹介している点も、生徒や教員の質的向上につながる良い機会となっている。

4 カリキュラム・マネジメントの視点

（1）生徒と教師の主体性と批判的思考力を高める

　3で述べたように、本校の課題研究の特色は、生徒一人ひとりが自分で設定したテーマを、自ら批判的思考とメタ認知を働かせ、個人研究を進め、論文にまとめるという点にある。前述のように、教師はあれこれと指図するのではなく、相談に乗るときに、生徒に自問自答させることがポイントである。各種発表や質疑場面においても、課題のいっそうの探究に向けて、生徒自身に自問自答させることが肝要である。

　個人研究は、テーマが多岐にわたり、確かに指導が難しい。大規模校の場合、教員の配置など、物理的な制約でグループ研究になってしまうのはやむ得ない面があるだろう。しかし、グループ研究であるとしても、その中に「個人が主体的に取り組む」しかけをつくることが重要である。また、「教師自身がリサーチリテラシーを身に付ける」ことが必要で、これにより教師の知らないテーマであっても不安にならず指導が可能になる。この姿勢は、教科における探究的実践にもつながる。

（2）教師の協働

　本校の指導体制のポイントは、担当者間の情報の共有と継続的な議論による体制づくりが機能している点にある。最終ゴールとしての研究論文の作成・発表を見通した上で、Kobe プロジェクトシラバスを検討・共有し、協働して、生徒のリサーチリテラシー育成を試みている。

　また、研究部専任と各学年の研究担当教員による会議を定期的に持ち、情報交換に努めている。短時間であっても、進捗状況について確認し、問題点を共有する機会を設けるのが大事である。論文評価のルーブリックについても評価・検証ワーキンググループで議論を重ね、改訂を進めている。このように、課題研究の指導は、教員によって軽重があるのは避けられないことではあるが、担当教員の個人プレーではなく、教師の協働体制の下で進められることが大切である。

5 導入するポイント

　探究を進める際に大切なことは、本校が東大附属の取組から学んだように、他校の優れた実践に依拠する姿勢である。さらに重要なこととして、自校の実践成果とノウハウを蓄積し、将来の実践に向けた共通の「資産」とすることに多くの労力を割くことである。以下、本校の共通の資産から3点を紹介したい。

（1）生徒の作品を集積し、閲覧を容易にする

　課題研究は、生徒のポスターや論文などが成果物としてできあがってくると、実践がスムーズに進むようになる。優れた作品は、後輩（次期実践者）に到達すべきモデルを可視化し、探究方法についても示唆を与えるからである。本校では、毎年課題研究の「優秀論文集」を発行しているほか、各学年の探究の成果も冊子の形で残している。発表会で使用したポスターを校内の至る所に掲示し、生徒は常に先輩の作品を目にする環境にある。こうした配慮の積み重ねが大きな力を発揮する。

（2）教師の指導資料の蓄積と検討

　同様に、教師が各指導場面で使用したワークシートや教材を散逸させないことである。これは探究における教師サイドの「ポートフォリオ」といってもよい。過年度を踏襲する場合であれ、変更する場合であれ、過去の実践資料は、失敗も含めて貴重な資産であり、その批判的検討に労力をかけるべきである。

（3）課題研究の評価表の作成と改善

　論文をはじめ、生徒の活動をどう評価するかは難しい。本校では、研究論文の評価について試行錯誤を重ね、数年かけて評価についてのチェックリストとルーブリックを複数の教員でまとめ上げた。こうした作業は、課題学習を実施する際に避けて通れないことであり、教員間の真剣な協議こそが、組織的な実践の基盤を形成する。

　詳しくは『探究の力を育む課題研究』（林創・神戸大学附属中等教育学校、学事出版、2019年）を参考にしていただければ幸いである。

1年全員が行う地域(天草)の豊かな資源を生かした探究活動の実践

熊本県立天草高等学校　教諭・SSH研究主任　井上博登

1 学校紹介

　本校は、創立123年の歴史があり、熊本県最西端の天草諸島の下島に位置している。また、「正大・剛健・寛厚」の三綱領及び進路指導の教育スローガン「求學志成（求めて学べば志はなる）」のもと、高い志と希望を持って勉学に励むことのできる生徒の育成に取り組んでいる。さらに2017（平成29）年度より、文部科学省スーパーサイエンスハイスクール（SSH）指定校となり、『地域の豊かな自然環境の中で、多様な能力を身につけ、世界に飛躍する科学技術人材の育成』を研究開発課題とし、遠隔地でできる新たな人材育成カリキュラム開発を行っている。現在、男女共学の普通科18クラスに667名が学ぶ。

　研究開発課題の中に触れているように、天草には豊かな自然環境がある。東シナ海と有明海、八代海の3つの海に囲まれており、その中でも有明海は干満差が最大6mにも達し、干潮時には大規模な干潟が広がる。この中には、多様な生態系が形成されており、天草の固有種だと考えられている生物も存在する。また、島全体が褶曲構造であることや、北部に砂嘴や砂州があること、御所浦島から恐竜類の化石が発見されているといった特徴もある。このような自然環境等を教材とし、地域課題解決のための多様な視点を育てることを目指している。

　しかし、図1左（連続講義前）からもわかるように、生徒の天草に対する課題意識は「少子高齢化」と「人口減少」に偏っている。これまで

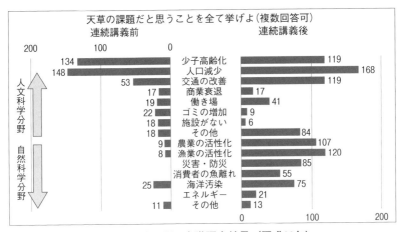

図1　地域課題の意識調査結果（平成30年）

3年間調査を行ってきたが、この傾向は変わらない。産業では自然環境を生かした漁業や農業が盛んであることや、伝統文化では世界遺産に登録された﨑津集落を代表とするキリシタン文化などがあるが、そのような視点を持っていない現状がある。

2 実践概要

『天草サイエンスⅠ（ASⅠ）』の開発及び実践

これは、1年生全員（約240名）が履修する学校設定科目であり、2単位で実施している。地域の豊かな資源を生かして探究力を高め、他者と議論しながら研究を深める過程を学ぶことを目的とし開発している。また、分析力や課題解決能力を高めながら、発表を通じてプレゼンテーション能力を養う目的も併せ持つ学校設定科目である。

(1) 自然科学の地域課題に対する視野を拡張できる天草学連続講義

前述したように、生徒の地域に対する課題意識には偏りがある。これを「天草学連続講義」（表1参照）によって自然科学分野に広げる取組を行う。講師は天草市役所や大学、地元企業等の方々に年度当初依頼し、4月中旬から6月中旬にかけて講義を実施する。生徒の変容を経年

比較できるよう第7講までは同じ講義を計画しており、第8講のみ、生徒の現状に合わせ、よりよい形となるよう余地を作っている。天草の水産物が熊本県の流通の約70％を占めることや、天草産柑橘

表1　天草学連続講義テーマ及び講師所属一覧

	講義テーマ	講師所属
第1講	天草の概要	天草市役所
第2講	天草の農業	天草市役所
第3講	天草の水産業	天草市役所
第4講	天草の生物多様性	九州大学理学部
第5講	天草の防災問題	熊本大学減災センター
第6講	天草の起業	Ama-biz
第7講	天草の自然活用	（株）DENSO
第8講	ドローン活用（H29） 幹線道路計画（H30） ジオパーク（R1）	天草市役所 熊本県広域連合 天草市役所

類の需要が全国的であること、移住支援や起業支援が充実していること、干潟や海に生息する生物が多様であることなどを専門家から聞くことによって、様々な視点を学ぶ機会となっている。この連続講義の効果は、図1右（連続講義後）で示す通りであり、目的でもあった自然科学分野への視野の拡張が確実にみられる結果となっている。

（2）協働力を高めるグループ編成及び生徒が自ら行う研究テーマ設定

グループ編成はクラスを解体し、系統別に分かれ、5〜6人を目安に編成する。研究テーマは、天草の地域課題解決を目指すものとし、教員ではなく、生徒たちが自ら設定する。ある

表2　研究テーマ系統別人数等

	人文科学系	自然科学系
H29	91名	120名
H30	103名	134名
R01	113名	115名
分野	教育、福祉、経済、観光、国際、起業、語学等	理学、工学、水産、農業、環境、医療、食品等

程度方向性が固まったら、論文検索を行い、先行研究調査を開始する。表2にあるように、自然科学系分野の課題研究を行う割合が高い。

（3）中間ポスター発表に向けたグループ研究

7月からグループ研究を繰り返し、全ての班が10月中旬にポスター中間発表を行う。これまでの研究成果を発表するとともに、発表会の観覧

者との対話をとおして新たな視点や改善点を把握し、探究のステージを一段階あげることを目的とし実施している。また、相互評価票による他の発表評価を行いながら、自らを省みることで、探究力を高めるといった狙いもある。また、評価項目に「天草の地域課題解決につながる研究であるか」といった視点を設けることにより、地域貢献に向かう体制を整えている。

（4）飛躍的にプレゼンテーション能力を高める外部人材活用

12月に外部講師によるプレゼンテーション講演会を実施している。日本マイクロソフト株式会社に講師を依頼し、プレゼンテーション能力を高める意義や、よりよく伝えるための手法などを、具体例を交えながら実践的に学ぶ機会となっている。これにより、生徒のプレゼンテーション能力が飛躍的に伸長し、身振り手振りを交えながら、自信を持って発表ができるようになる。その成果が、1月末の分野別プレゼンテーション会や、2月末のSSH研究成果発表会といった校内発表に表れている。

（5）研究成果のまとめと英語活用能力の育成

生徒たちは、2月までに研究成果をまとめた2つの成果物を作成する。それは、プレゼンテーションスライドと、研究要旨である。要旨の冒頭のintroductionを英語で作成することとし、12月までに提出し、英語科職員による添削指導を受ける。これにより、英語運用能力を高める一つのきっかけとしている。また、英語でのプレゼンテーション実施の場合には、評価票の得点が高くなるため、発表の一部を英語で行う班も多い。

3 カリキュラム・デザインの工夫

（1）課題研究ルーブリック評価票の開発及び生徒の変容調査

愛媛大学課題研究ルーブリックを参考とし、本校で開発した課題研究ルーブリック評価票を用いて、生徒の変容調査を実施する。図2がその結果であり、先行研究や創意工夫等、8つの項目が全て上昇していること

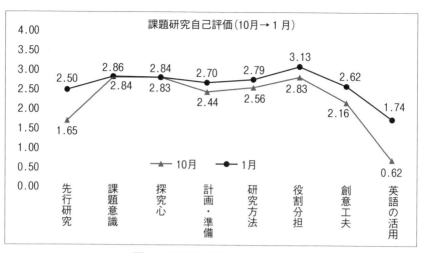

図2 課題研究自己評価の変容

とがわかる。10月の中間発表後から、改善に取り組んだ結果であるといえる。

(2) ASⅠでの学びは、ASⅡ及び総合的な探究の時間につながる

　本校の2年生は文系と理系、天草サイエンス（AS）クラスの3つに分かれるが、ASクラスはASⅠの学びをベースとした科学的な探究活動を行う学校設定科目「天草サイエンスⅡ（ASⅡ）」を履修する。また、文系と理系は、大学比較研究や論文研究、個人レポート作成を行う。これらを行う上で、ASⅠで学んだ探究のサイクルや、調査分析の方法等が役立つこととなる。

4 カリキュラム・マネジメントの視点

(1) 問いかけで伸ばす課題研究指導力向上研修の実施

　全職員の課題研究指導力向上を目指し、「ポスターの改善点を検討する研修」や「SSH研究部が重視する指導4観点（主体性の育成、見通しを持った指導、リーダーの育成、問いかけで研究を進める）の共通理解研修」を実施している。生徒が作成したポスターや、実際にあった質

問を教材として教科横断的なグループを編成し、互いの指導力を高めている。

（2）パソコン操作技能力の不足を補う方法

探究活動をスムーズに行うために、必ず身につけておかなければならない力が各学校で異なる。本校では、それが「パソコン操作技能力」であり、指定2年目から情報の授業の中でパソコン実習を前半に実施するよう改善を行っている。

5 導入するポイント

本校の探究活動を導入するポイントは、以下の3つである。

（1）生徒の地域課題に対する視野を拡張する取組を行うこと

地域課題に対する生徒の意識調査（自由記述で把握）を実施し、専門家による連続講義を実施する。この際に、地域人材を活用する方が事前打ち合わせ及び日程の柔軟な調整ができる。また、大学の出張講義を活用するという手段も検討できる。

（2）グループ研究とし生徒主導で研究活動を行わせること

グループ研究を行うことにより、協働力を高める。また、研究計画や役割分担をうまく行うことで、短期間で多くのデータ収取が可能である。担当教師は、研究の方向性を決めるのではなく、生徒たちが自ら考え、研究を行うように問いかけに徹することが重要である。

（3）発表会を2回以上行うこと

ASⅠは、10月中旬と1月下旬に研究発表を行うことで、探究のPDCAサイクルを2周することとなる。2単位必要であるが、総合的な探究の時間を1学年で2単位実施するか、2学年まで1単位ずつ継続研究を実施することで必要な単位数を確保できると考える。

※開発した教材や評価票は本校ホームページにすべて掲載している。

地域の特性を生かす

全員で取り組む地域の特性を生かした探究的な学習

鹿児島県立錦江湾高等学校　教諭　山口貴正

1 学校紹介

　本校は、1971（昭和46）年に普通科6学級・理数科2学級で開校し、来年で50周年を迎える。県内初の理数科を併設した学校で、2005（平成17）年から理数科において文部科学省のスーパーサイエンスハイスクール（SSH）事業を開始し、2期目が終了した2014（平成26）年に事業が不採択となり、2年間の経過措置期間を経験する。3期目を獲得するために、これまで理数科でのみ行ってきたこの事業を普通科まで拡大して全校体制で行うこととし、2017（平成29）年に第3期に採用され、今年度で3年目になる。

　理数科は学科の特性上「総合的な学習の時間」は課題研究としており、SSHに特化した活動を行っていた。一方、普通科は、1年の職業調べ、2年の上級学校調べと進路を意識したカリキュラムを設定していた。私がこの活動で疑問を抱いたのが、学年末に行われた成果発表会であった。各クラスから選抜された3つのグループがパワーポイントでプレゼンテーションを行ったのだが、どのクラスからも看護師や消防士をはじめとする公務員など類似した発表が続いた。記載内容も重複しており、インターネットの同じホームページから記事を抜粋していることがうかがえた。高校1年生の段階で思いつく職業の幅と発表材料となる情報の適切な取り扱い（メディアリテラシー）に課題があると思い、大幅な内容変更を提案しながら、SSHの全校体制への基盤を整備した。

第2部　実践事例編／Ⅵ 地域の特性を生かす

2 実践概要

　普通科の SSH 活動を学校設定科目「ロジックプログラム（LP）」と称し、1年生は「総合的な学習の時間」を「社会と情報の時間」と融合させて3単位確保し、2・3年生は「総学」の1単位で運営した。以下に各学年の普通科の取組をまとめる。

1年生（LPⅠ）

（1）新聞ポスターの制作

　課題研究の基礎訓練として1学期に地元の南日本新聞社と連携し、取材の仕方、新聞の構成や読み方についての講座を始めた。新聞ポスター作りは3つのステップで実施した。1ステップで多くの新聞から気になる記事をまとめ、2ステップでテーマを設定した新聞を作成し、3ステップでは選んだ記事に対して他の文献やインターネットを活用し、他国での状況や批評を加えてまとめ直した。新聞ポスター作りを通して様々な社会問題を身近なこととして考えるきっかけになっただけでなく、ステップを踏んで実施することで、生徒に情報収集力や論理的思考力を育成することができた。

（2）リテラシー講座

　2学期は、3学期から始動する課題研究に向けて、本校職員及び大学講師によるリテラシー講座を実施した。幅広い分野の講座を設定することで、探究に関する基礎知識の習得と論理的思考力の育成を目指した。職員の講座は全クラス共通のテーマで実施し、大学講師による講義では文系・理系を意識して生徒に希望をとらせた上で受講させた。どの講座も日頃の授業では学ぶことのできない内容で、これから取り組む課題研究に様々なヒントを得ることができた。

（3）課題研究導入

　3学期からクラスを解体し、課題研究を開始した。分野別にグループ編成をすることで、生徒は自分の希望する分野の研究を行う。また、担当職員も自身の専門に近いグループを担当することで、より的確な指導

129

を行うことができた。2月のSSH研究発表会に向け、班ごとに取り組むことで対話的・協同的な取組が期待でき、また発表の機会を設けることで、表現力の向上を図ることができた。

2年生（LPⅡ）

(1) 中間発表会Ⅰ・Ⅱ

8月と10月に研究の経過発表を行った。8月の発表会は2月に計画している海外研修（台湾）の選抜会を兼ねている。

(2) 海外サイエンス研修

選抜会で選出された6名の生徒は課題研究について英語によるパワーポイントでのプレゼンテーションを作成する。そのため10月より月1回のペースで、英語のプレゼンを大学の先生に指導してもらう。昨年同様2月中旬に3泊4日で台湾の高校と大学を訪問し、プレゼン交換を含む国際交流を実施する。

(3) SSH課題研究発表会（会場：鹿児島県文化センター宝山ホール）

2月には課題研究を中心とした本校のSSH事業における活動を発表する。広く地域や一般に公開するとともに、鹿児島大学を始めとする連携先の先生方に審査していただくことで高大連携をより一層深める。また、地域の学校関係者や教育関係者、保護者にSSH事業への理解や普及の一助にし、生徒の研究に対する意識を高める機会としている。

3年生（LPⅢ）

(1) 論文作成

2年生までに取り組んできた課題研究の内容を論文にまとめる。発表で作成したポスターを元に、研究の概要（要旨）・動機・方法・結果と考察・今後の研究等の項目に分けてグループ内で担当箇所を決め、文章を作成し、担当教諭の添削を経て、製本化する。

(2) 進路研究

大学のAOや推薦入試において、これまで取り組んできた課題研究の内容を面接や小論文で適切に伝えることができるよう準備する。

3 カリキュラム・デザインの工夫

生徒一人一人が主体的に活動し自らの将来を論理的・科学的にデザインできるグローバルかつ探究的な人材育成を目指し、以下の研究課題を設定し研究開発を実施した。

①普通科に「ロジックプログラム（LP）」を開発し、理数科のみ実施していた課題研究を全校規模で実施する。

②1年を基礎訓練期、2年を探究展開期、3年を普及発展期と位置づけ、年ごとに深化・拡充する探究モデルを展開する。

③課題研究の充実の拠点として「SSH図書コーナー」を設置する。

④産業界、学術界、政策形成者、マスコミ、海外等へと活用の多様化を図ることで、生徒の視野を拡大し、キャリアデザイン力を育成することができる。

⑤SSH事業を全職員で取り組む組織体制に改善し、各部・各学年・各教科の連携化を図り、あわせて、アクティブラーニングによる授業改善等も行う。

表 ロジックプログラム（LP）のカリキュラム・デザイン

1年生（LPⅠ 3単位） テーマ学習、基礎技能習得、課題設定			2年生 （LPⅡ 1単位） 課題研究の展開 ・発表	3年生 （LPⅢ 1単位） 成果普及、発展的探究
1学期	2学期	3学期	○課題研究	○探究成果発表
『新聞ポスターの作成』 ・新聞社の記者による講義 ・新聞社の記者の指導の下新聞ポスター作成 ・新聞ポスターコンテスト実施	『リテラシー講座』 ・各科目の担当教諭や大学教授による講座を実施 ・課題研究のすすめ方について外部講師や卒業生による講演会を実施	『課題研究導入』 ・2学期のリテラシー講座を参考に1人1テーマの課題研究に取り組む	・研究テーマ設定、発表会、質疑応答相互評価 ・テーマ探究展開 ・探究のまとめ ・プレゼンテーション	会、論文作成完了 ・各教科等で探究に関連する発展的課題を設定 ・論文集完成→広報普及活動へ活用

⑥国際化教育を推進し、海外大学・高校等での課題研究の発表などを
行う。

4 カリキュラム・マネジメントの視点

（1）全職員が指導にあたるための工夫

　4年前に普通科の「総合的な学習の時間」を「探究学習」へと変更した。その際に、探究分野を人文科学・教育・社会科学・生命科学・自然科学・スポーツ科学の6つ設け、自分の専門分野に近いグループを該当学年の担任・副担任全員に担当してもらうことで、全職員による指導体制を取るようにした。この取組は普通科にSSHが導入された3年前にも継承され、年度初めの活動から違和感なく、該当学年全員でLPの運営にあたることができることにつながった。

（2）新しいカリキュラムの活動を円滑に行うための工夫

　普通科にSSHを設定することが決まった3年前には、始めて取り組む内容に教員の不安も大きかった。そこで1年生の最初で行う新聞ポスター作成の活動に向けて事前に職員研修を設定し、全職員で実際に新聞ポスター作成を体験した。その際、南日本新聞社の方々にも協力をいただき、教員の不安を緩和することができた。実際に生徒が取り組むことになった際には職員が作成したものをサンプルとして掲示することで、生徒達も完成イメージを持って取り組むことができた。

（3）リテラシー講座における他教科・他学年との連携

　1年のLP活動の2学期に設定されているリテラシー講座では、「科学倫理」を地歴公民科、「ロジック国語」を国語科、「情報探査」を情報科、「書誌学」を学校司書が担当する。教科や学年等の枠を超えて課題研究を実施するための基礎的知識の習得と科学的・論理的思考力の育成を図るように取り組んでいる。

第 2 部　実践事例編／Ⅵ 地域の特性を生かす

5 導入するポイント

(1) 以前の「総合的な学習の時間」での取組から脱却

　「総合的な学習の時間」で行っていた仕事調べを廃止し、探究活動へ
と変更した。実施するにあたって、クラスを解体し、6分野に分けて、
希望する分野の教室で探究活動をそれぞれ行わせた。年度末に各分野か
ら代表を選抜し、学年全体の前で成果発表を実施した。分野の違う発表
内容に他の分野を研究していた生徒の中には新たな興味関心を抱くもの
や、次回こそ発表したいと意気込む生徒までおり、期待していた内発的
動機付けや自己肯定感を育むきっかけとなってくれた。

(2) 地域の特性を生かした探究活動の展開

　理数科は5年前より地元のイオンモール鹿児島で小学生を対象に「わ
くわく実験教室」を開催し、近隣の中学校への出前授業を行っている。
生徒はこれらを企画・実施することにより伝える力やプレゼンテーショ
ン能力を高めている。

　普通科は3年前より中学生の一日体験入学の際、ロジックプログラム
の体験授業を新聞ポスターコンテストの入賞者に担当させている。その
結果、体験した中学生からは「先輩が親切に教えてくれてうれしかっ
た」という感想があり、担当した生徒達も達成感を得ており、双方に大
きな成果があった。

(3) 地域の特性を生かした課題研究のテーマ設定

　テーマの設定は課題研究の中でも難関だと考えるが、鹿児島は題材の
宝庫である。理数科はこれまでの課題研究の歴史の中で、鹿児島の象徴
である桜島を題材とし、「桜島大根」や「火山灰」などをテーマに研究
を行ってきている。これらは先行研究として後輩達に受け継がれてい
る。普通科も「桜島とともに生きる人々」や「鹿児島茶は健康のカギだ
った」のように地域の特徴を生かした研究を行っている。

133

地域の特性を生かす

「教育魅力化事業」を通じて地域と連携し、地域から信頼される学校づくり

島根県立隠岐高等学校　校長　西村隆正

1　学校紹介

　本校は、島根半島の北40〜80kmの日本海にある隠岐諸島最大の島（島後）にある。1913（大正2）年に隠岐女子技芸学校として創立し、1948（昭和23）年に島根県立隠岐高等学校となり、2019（令和元）年度創立107年目を迎える。2003（平成15）年、第75回選抜高等学校野球大会に21世紀枠で初出場を果たした。

　島後（現隠岐の島町）の人口は1955（昭和30）年前後には約2万8千人であったが、現在は約1万4千人と半減している。子どもの数も激減し、本校の入学定員は昭和40年前後には普通科・商業科・家庭科合わせて1学年6学級240名定員であったものが、1992（平成4）年度には普通科2学級・商業科1学級の120名定員となり、2015（平成27）年度からは1学級の定員が40名から30名に削減され、1学年90名定員となった。今春の島内の中学校卒業生124名のうち60名が本校に入学、30名以上が本土の高校等に進学している。

　今後も更なる学級減、教員数減が予想され、学習や部活動等の教育環境が著しく劣悪になる恐れがある。何とかしなければならないという危機感を持ちつつある2011（平成23）年度に、島根県教育委員会が「離島・中山間地域の高校魅力化・活性化事業」に取り組み、その対象校に本校も指定された。本校と隠岐の島町をはじめ関係諸団体が連携して「隠岐高校魅力アッププロジェクト推進協議会」を作り、本校の魅力増進

第 2 部　実践事例編／Ⅵ 地域の特性を生かす

と活力ある学校づくりを実現し、入学者の増加を目指す取組を始めた。

2 実践概要

　本校は隠岐の島町にある内のリーディングスクールとして次の 3 つの使命を掲げている。

①地域と協働しながら、地域や社会の未来を切り拓く人材を育成する。

②隠岐地区の普通科・商業科併設高校として、生徒一人一人の進路希望を実現させる。

③魅力ある学校づくりを推進し、社会に開かれた教育活動を実践し、隠岐地区の活性化に寄与する。

　そして、教育目標に「健康で、確かな学力を持ち、自立する生徒を育成する～現在と未来の隠岐を支える人材の育成～」を掲げ、「隠岐で育て、隠岐を支える！」をモットーにして教育活動に携わっている。

　前述した「離島・中山間地域の高校魅力化・活性化事業」は2017（平成29）年度から「教育魅力化推進事業」に移行し、同じ隠岐の島内にある隠岐水産高等学校とともに「隠岐の島町教育魅力化推進協議会」の下で魅力ある学校づくりに取り組むこととなった。

　本校における「教育魅力化事業」は、次の 5 つを柱としている。

（1）「隠岐ユネスコ世界ジオパーク発信事業」

　隠岐諸島は「日本海の孤島が生み出した荘厳な大地と独自の生態系、そして人の営みが織り成す景観」により、2013（平成25）年に「隠岐ユネスコ世界ジオパーク」に認定されている。その隠岐ジオパークの不思議な生態系や独特の歴史、文化について、「総合的な学習（探究）の時間」や学校設定科目を活用し、地域課題解決型学習に取り組んでいる。（詳細は後述）

　また、本校は2013（平成24）年度からオーストラリア研修を行っており、2014（平成25）年度からは首都キャンベラにあるセントメアリーマキロップ校との交流事業を展開、2018（平成30）年度からは隠岐の島町

135

内の中高生とマキロップ校との交換交流事業へと発展している。

(2)「学力向上とキャリア教育」

本校では約9割の生徒が進学し、そのうち、国公立大学には15人前後が進学している。島内には塾や予備校は全くなく、生徒の「学力向上」は高校における指導にかかっていると言え、徹底した少人数指導や個別指導により、学力向上を図っている。また、2018（平成30）年度から町の補助を受けて、Webによる学習動画の視聴やドリル学習に取り組み、家庭学習の支援を行っている。

島内の最高学府が高校であり、大学生や専門学校生と触れ合う機会が極端に少ないのが現状である。そこで「キャリア教育」については、進路講演会や進路ガイダンスを校内で実施する他、町が主催する島内の約50社の企業や官公庁が参加するジョブフェアも参加し、島内就職のみならず、島外進学後のUターン就職も意識させている。

(3)「小・中・高・大の連携事業」

教育系進学志望者を中心に希望者を募り、近隣の小学校に出向き、放課後学習や学童のサポートを行う「放課後先生」や、島内4中学校を母校とする生徒がそれぞれ母校を訪問し、本校の学校説明を行う「隠岐高校進路セミナー」を行っている。

(4)「部活動活性化」

本校の部活動の活性化とともに、本校への進学希望者の増加を目的として、本土から指導者を招いた「中高合同吹奏楽指導」や、就学前児童や小学生を対象に野球体験をさせる「ベースボールフェスタ」等、部活動における連携事業に力を入れている。

(5)「学校PR活動と県外生徒募集」

「地域みらい留学フェスタ」や「しまねUIターンフェア」と合同開催の「しまね留学フェスタ」に参加し、県外生徒募集に力を入れている。また、島内に祖父母が在住している島外の中学生が本校に入学してくる「孫留学（グラチルターン）」にも取り組んでいる。

3 カリキュラム・デザインの工夫

　前述した「隠岐ユネスコ世界ジオパーク発信事業」の取組の一つとして、1・2年生に総合的な探究の時間（1年生1単位・2年生2単位）を活用して地域課題解決型学習「隠岐ジオパーク研究」を、3年次には学校設定「隠岐ジオパーク探究」（選択科目2単位）を開設している。ユネスコ世界ジオパークに認定されている隠岐の島の自然や文化、生活等を題材とし、課題発見能力や情報発信能力を養う取組である。

　「隠岐ジオパーク研究」は1年2学期から2年2学期の1年間を通して、隠岐の島町内の地域の素材を題材に、地域への愛着心を育みながら課題発見能力、情報発信能力を身につける取組である。具体的には、地域の自然や文化、伝統行事、観光、医療福祉、人々の営み等をテーマに設定し、地域の人の講話や現地調査等から情報収集し、地域の抱える課題について深く調べ、その課題の解決策をチームで協働して考えていく。2年10月に関西研修旅行を実施し、大学・企業で研究成果を発表し助言を得る。2年12月には隠岐の島町内で大阪大学との合同による最終発表会を開催し、地域の方々の前で成果発表を行う。また、2019（令和元）年度は日本ジオパーク全国大会、アジア太平洋ジオパークネットワークで成果発表を行う。

　「隠岐ジオパーク探究」は3年生の選択科目で、ジオパークに特化した隠岐高校独自の学校設定科目である。様々な分野の専門家から、隠岐ユネスコ世界ジオパークに関わるトピックについて講話を聴き、隠岐の特徴を地域の持続的な発展、特に経済と結びつける活動を行う。地域の価値を知識として得るだけでなく、ジオパークを活用して隠岐の地域に貢献するビジネスプランを作成する。そうした活動を通して、主体的に物事を進めていくセンスを磨くことは、変動する現代社会において必要な力である。

　高校卒業後、島を離れる生徒が多い隠岐高校だからこそ、隠岐を誇りに思い、隠岐を伝える生徒を育てる授業を行っている。

4 カリキュラム・マネジメントの視点

　これらの「教育魅力化事業」を推進していく上で重要な役割を果たしているのが「高校魅力化コーディネーター」である。隠岐の島町の職員として雇われ、隠岐高校に2015（平成27）年度から1名、2017（平成29）年度から2名配属されている。このコーディネーターが学校と行政、地域をつなぐ中心的な役割を果たしている。

　「隠岐ジオパーク研究」の授業は、1・2年のそれぞれの学年会が担当している。「隠岐ジオパーク探究」は学校設定科目として担当者を割り当てている。しかしながら、「隠岐ジオパーク研究」、「隠岐ジオパーク探究」において、講話やフィールドワーク、成果発表会を行うには、地域や関係機関、行政の方々とのつながりは欠かせない。そのつながりをつけるのが「高校魅力化コーディネーター」の役目の一つである。成果報告会では、地域や関係団体の方々に参加してもらい、多くのアドバイスをもらうことで課題研究がブラッシュアップされ、学習を深めることができる。同時に地域の方々に隠岐高校の活動を広く周知することができ、PR活動につながる。

　また、「隠岐ユネスコ世界ジオパーク推進協議会」の全面的な協力を得ており、物的人的な援助は大きなものがある。前述したように、9月にインドネシアで開催されたアジア太平洋ジオパークネットワークに、本校の生徒の1つのチームが「隠岐ジオパーク研究」で取り組んだ研究成果を発表した。アジア太平洋ジオパークネットワークでの日本の高校生の発表は、日本以外の国での開催では全国2例目である。また、11月に大分県で開催される日本ジオパーク全国大会にも同じチームが参加するが、この大会では他のジオパークに属する高校の生徒との交流も計画されており、ジオパークを通じた高校間のネットワークも構築できる。

　また、本校は現在、ユネスコスクールの認定を目指して、登録申請中である。認定されれば、推進協議会との関係はますます強固なものとなる。

5 導入するポイント

　本校の場合、島根県教育委員会が「教育魅力化事業」を実施し、その魅力化推進校として指定され、隠岐の島町と連携し、地域から信頼される学校作りに取り組んでいる。県全体の取組であり、県教委の指導の下に推進しており、島根県内の離島・中山間地や西部の魅力化推進校が同様の取組を行っている。

　従って、地域の特性を生かしながら、学校独自の取組を打ち出すことが、地域から信頼される魅力ある学校づくりにつながると考える。本校の場合は、隠岐ユネスコ世界ジオパークのど真ん中に本校が位置し、その地の利を生かした地域課題解決型学習が成果を結びつつある。

　また、地域と連携するためには、前述した「高校魅力化コーディネーター」のような、学校と行政、地域をつなぐ役割の人材、地域課題解決型学習の内容をプロデュースする人材が必要となる。

　一方で、そういう人材に任せっきりにならないように、管理職も率先して行政や地域とのつながりを構築していかなければならない。

　また、地域課題解決型学習の授業もコーディネーター任せにならないよう、教員も主体的、組織的に取り組む必要がある。本校では、3 年前に校務分掌を再編成し、「教育魅力化事業」や県外生徒募集の業務を行う分掌「教育研究部」を作っている。担当者個人の力量で事業に取り組むのではなく組織として取り組んでいくことが、人事異動等による担当者の交替にも影響を受けにくく、持続的に事業を成功させることにつながると考える。同様に、一つの分掌だけで事業を推進するのではなく、学校全体に取組を周知徹底し、教職員全体の共通理解を得ることが重要であると考える。

　そのためには、管理職、特に校長の強いリーダーシップが求められる。本校と隠岐の島町との連携はまだまだ十分とはいえないが、町との連携に根気強く取り組んでいきたいと考えている。

多様性のなかで学び合う・支え合う ―特別支援教育の取り組み―

1 新聞を活用したカリキュラムで生徒の自立を支援する

筑波大学附属桐が丘特別支援学校　教諭　加藤隆芳

1 学校紹介

　当校は、大学附属校で我が国唯一の肢体不自由研究校として、肢体不自由教育の理論と指導法の開発に関する研究を行い、肢体不自由児を指導する全国の学校や教職員への情報発信と研修機会を提供している。東京都板橋区に2つの校舎（本校・施設併設学級）を有し、小学部・中学部・高等部を設置している。本校は関東圏内から通学する児童生徒のための校舎であり、施設併設学級は隣接する医療型障害児施設への手術入院や入所利用の児童生徒が通学するための校舎である。

　肢体不自由児は手足や身体の動き等に不自由があるため、支援や援助を受けながら生活することが多い。そのため、支援者との上手な関わり方を身に付け、良好な人間関係を築くことができる子どもが多い。これに対し、周囲のサポートが得られるという環境が、自分で体験・経験し、実感をもって理解する機会を少なくさせてしまうこと、また、肢体不自由となる様々な疾患が関連する障害特性から、自己を取り巻く状況や社会の出来事への関心が低い児童生徒が少なくない。そのため、中学生、高校生の段階において、世の中の事象を鑑みて自己の将来の生き方について思考することや、夢をもって実現に向かって主体的に行動する力が十分に育まれていないという側面がある。

　そこで、学校の教育活動全体において、自己と他者との関係や自分を取り巻く様々な法制度や社会事象について、具体的に考えるための教育

を大切にしている。

2 実践概要

　障害のある高校生は、高等学校や特別支援学校高等部を卒業した後、様々な福祉制度を自ら選択・決定して自立と社会参加を実現することが求められる。肢体に不自由がある場合、移動や日常生活動作に係る介助者を申請することが多い。そのため、申請に伴う法制度を理解し、適切な手続きを行うための知識を身に付ける必要がある。また、自分の意思をもってどのように支援を活用するのかについて選択・決定し、自ら求めることが要求されるため、自分の身の回りには何があるのか・何が自らには必要なのか等を認識する力が必須となる。

　そのため、実際的な場面や教材を用いながら、自分の周囲に目を向ける・世の中に関心をもつといった他者や世の中への視点を育む学習を行い、自己選択・自己決定、主体的な思考・行動に係る力を学校の教育活動全体を通じて育成する教科横断的な指導が必要である。

　当校高等部では、学校の教育活動全体を通じて、自己をみつめる・周囲に目を向ける自分の立ち位置について考える指導を大切にしている。各教科・科目においては、自分の生活と関連させて考えることができる題材や教材を取り上げ、新聞記事やニュース映像等を積極的に活用し、自分を取り巻く様々な課題について分析し、それを基に自分の将来の生活を考える学習を、総合的な学習の時間や特別活動、学校設定教科「職業生活と進路」を中心に、「自己の客観視」に係る学習を行っている（図1）。

　総合的な学習の時間と特別活動では、自らを取り巻くヒト・モノを知り、自分の将来像を具体化するための学習や、仲間と協働して物事を成し遂げる学習を3年間かけて行う。生徒が各メディアから得る世の中の話題のうち、自分と直接的に関係する事象は数多くあることを各教科の学習においても学ぶことはできるが、この時間では、知り得た事象が自

分とどのように関係するのか、自分との関わりにおいて課題は何か、どのように課題を解決すべきなのか等を具体的に学ぶ。

職業生活と進路では、自分も社会の大切な一員であり、何らかの役割をもって貢献する立場になることを理解し、そのために必要な力について考える学習

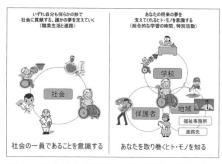

図1　総合的な学習の時間、職業生活と進路における育てたい視点

を3年間かけて行う。職業を介して、あるいは、地域社会での役割やボランティア活動を通じ、障害のある自分が自分なりの工夫をもって活動できることを自ら考える教科である。具体的には、地域社会や実業界などからの要望を実際に受け、仲間と協働して要望に応える学習を通じ、役割を担って人の役に立つことの意義を学ぶ。1・2年生では、校内における課題解決の要望を教員や生徒から受け、解決に向けた協議と行動を繰り返し、3年生では、近隣の事業所から業務遂行において実際に生じる課題に対する解決の要望を受けるといった、いわば、相手の立場に立って物事を考える学習を展開する。また、こうした要望に応える学習活動とともに、要望を伝えてくれる教員や、近隣の事業所の職員等の身近な大人を「サポートしてくれる人」ではなく、社会人・職業人としてみつめることで、世の中に貢献することを身近な大人から考えてみることができる。あわせて、新聞記事や映像を定期的に提示し、そこに登場する社会人・職業人が、仕事や生活を営む上で何を大事にしているのかについて考える学習も行う。この学習は、自分が知っている仕事以外にも多くの役割の存在を知り、こうした数多の仕事・役割が社会を支えていることを認識するのがねらいである。記事や映像の選定に際しては、生徒の進路希望や取り組んでいる活動と関係する人物を扱う。

第2部　実践事例編／Ⅶ 多様性のなかで学び合う・支え合う―特別支援教育の取り組み―

3 カリキュラム・デザインの工夫

　このデザインは、各教科・科目での学びを礎に、総合的な学習の時間と特別活動、職業生活と進路において、自分の将来の生活について具体的に考える、仲間と共働することや実社会に生きる社会人からの要望に応じることで他者を意識する点に特質がある。その際、自己に関わる世の中の事象や人物について学ぶことで自己をみつめ直す・他者の存在や生き方を意識するという機会が多く得られるよう、新聞記事やニュース映像等のメディアを適宜活用するように工夫している。なかでも、新聞記事の場合、紙媒体であれ web 新聞であれ、実際的な話題を学ばせたいタイミングでタイムリーに検索したり提供することができる。職業生活と進路における様々な社会人を知る学びにおいては、複数の生徒それぞれの興味関心に応じることが容易となること、あるいは、生徒の興味関心と直接的に関連しないが、生徒が予想できない形で自分に関係があることを知り、もの見方をひろげることにもなる。例えば、鉄道の運転士や車掌への夢をもつ生徒には、鉄道運行を支える様々な職種に従事する人物を新聞や映像から紹介した。障害がある場合、安全を確保する業務に従事することは現実的に難しいが、自己の障害の状態を把握した上でどのような職務ならば適しているかについて考える契機になった。線路の保線、駅業務、駅内販売、駅清掃、駅舎設計・保守管理、制服クリーニング、駅周辺バス運行等、鉄道運行に関連する職業とそれを担う職業人は様々にいることを知るとともに、ひとつの産業が様々な職種や他の産業に支えられていることを学び、生徒の職業観を広げることになった。

　また、教員の指導体制として、自主性を促すことに重点を置き、教員は生徒の活動を見守る、あるいは、生徒が問題解決に向けた方策を見いだせずにいる時には教員が一緒に考えることを大切にしている。これにより、生徒が主体性や責任感を育み、自分の意思で物事を取捨選択する経験の機会を設けられる。また、活動がうまくいかなかった場合のリカバリーの思考と行動を生徒自身がもてるようにするための工夫でもある。

143

4 カリキュラム・マネジメントの視点

　障害がある、または、何らかの理由で学習上又は生活上の困難がある生徒に対しては、一人一人の教育的ニーズをとらえ、育みたい力とそのための指導の方向性、ならびに、指導上特に配慮すべき事項を基に設定した「指導方針」を生徒に関わる教員の間で共有することが大切である。そのためには、個別の指導計画を作成し、これに基づき、各教科・科目、総合的な学習の時間、特別活動、自立活動の各担当や学級担任が連携することが求められる。個別の指導計画は、生徒の障害の状態や特性及び心身の発達の段階等並びに学習の進度を考慮し、生徒が、基礎的・基本的な知識及び技能の習得も含め、学習内容を確実に身に付けることができるように作成されるものである。個別の指導計画で共有された指導方針に基づくことで、各教科・科目の特質をふまえて個別指導やグループ別学習を行う等の指導形態の検討や、繰り返し学習や学習内容の習熟の程度に応じた学習、生徒の興味・関心等に応じた課題学習、補充的な学習や発展的な学習を行う等、指導内容の取扱いの工夫が可能となる。

　新聞を活用して世の中の実際の話題や事象を取り扱う際にも、生徒の関心や進路希望の方向性をふまえると、どのような話題を取り扱うのか望ましいのか、どのような形式や構成の記事が効果的な指導につながるのかについてきめ細やかに検討するとともに、各担当者で取り扱う記事の方向性を共有する、または、同一の話題や記事を複数の教科・科目、領域で別の指導目標を設定して共通使用した指導も可能となる。

　こうすることで図2の通り、各教科・科目における役割は

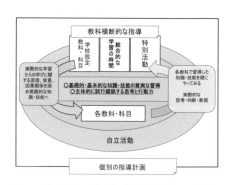

図2　各教科・科目と教科横断的な指導の構造図

「基礎的・基本的な知識・技能の着実な習得」であり、総合的な学習の時間と特別活動、職業生活と進路を中心にした教科横断的な指導は「主体的に試行錯誤する思考と行動力の育成」という役割が明らかになる。また、教科横断的な指導から得た知識を各教科・科目の発展的に習得するにはどうすればよいのかという視点に基づいた教員間の協働による指導が継続的に展開できると考える。

5 導入するポイント

　特別支援教育を必要とする生徒に対しては、一人一人に最適化されたきめ細やかな学びが行われるよう、個別の指導計画を中心とした指導体制の構築が肝要である。その際には、各教科・科目、各領域における目標及び内容、指導目標・指導内容があり、各教科・科目、各領域それぞれの特質がある。大切なことは、個別の指導計画に示された生徒への指導方針を共有し、それぞれの目標及び内容、指導目標・指導内容を達成することに着目することである。

　高等学校や中等教育学校においては、指導する学習集団や学年において、どのような力を総じて身に付けてほしいのかを明らかにした上で、それを各教科・科目、総合的な学習の時間、特別活動の担当者、学級担任が共有し、それぞれの専門性をもって指導することである。その際、どのような題材や教材を用いたのかを会議で共有できるのが望ましいといえるが、職員室の掲示板や表などで共有できるだけでも、指導のベクトルを共有化できると考える。

　連携を図り、指導に係る話題を共有することにより、各教科で身に付けた基礎的・基本的な知識・技能の習得とそれに基づく発展的な知識・技能を基に、総合的な学習の時間や特別活動、学校設定教科・科目等において、各教科・科目で学んだことの意味を本質的に理解する主体的な探究活動としての教科横断的な指導が効果的に機能するといえる。

多様性のなかで学び合う・支え合う ―特別支援教育の取り組み―

生徒の豊かな自立的学びを支援するICT活用

北海道八雲養護学校　教頭　池田英司

1 学校紹介

　本校は、北海道の南部に位置する渡島半島にある日本海と太平洋に面している町である八雲町にあり、隣接する呼吸管理等で高度かつ先進的な医療技術をもつ『国立病院機構八雲病院』に入院している神経筋疾患や重症心身障がいなどの児童生徒を対象とした小学部から高等部までの道内唯一の病弱の道立特別支援学校である。

　1957（昭和32）年に八雲小・中学校「ひまわり学院」として発足し、2017（平成29）年度には、創立60周年を迎えた歴史のある学校であるが、令和2年度8月には、八雲町から札幌市への『国立病院機構八雲病院』の移転に伴い、本校も札幌市へと機能移転することが決定している。

　移転後は、札幌市立山の手養護学校と本校が校舎を共有することになり、それに向けての準備を両校と病院と進めているところである。

　2019（令和元）年度8月現在の在籍者数は、小学部1名、中学部5名、高等部9名の計15名の児童生徒が在籍しており、そのうち11名が筋ジストロフィーなどの神経筋疾患の児童生徒である。

　本校の児童生徒は、病気が進行し筋力が低下してから転校もしくは高等部入学をする生徒が多く、病状による経験不足や学習の空白が見られる児童生徒が多いのが現状である。また、感染症予防のため、校外学習の取組や交流学習の工夫が必要となるため、進路学習や交流及び共同学習の取組でICT機器を有効に活用している。

第2部　実践事例編／Ⅶ 多様性のなかで学び合う・支え合う―特別支援教育の取り組み―

2 実践概要

（1）高等部における教育課程の押さえ

1）学校教育目標

「自らの可能性を生かし、心豊かに生きる人を育てる」

2）高等部教育目標

「自分のもつ力や個性を発揮し、生き生きと充実した生活ができる生徒を育てる。」

3）「総合的な学習（探究）の時間」における指導の重点

①高校や地域等との交流を通して、社会性を養い、好ましい人間関係の構築ができるようにする。

②卒業後を意識した体験的な活動を充実させ、自らの生き方について深められるようにする。

③これまでの学習を関連付け、課題を見出し、協力してよりよく解決できるようにする。

4）「総合的な学習（探究）の時間」の学習内容

①進路指導に関すること

・ハローワークによる職業講話

・卒業生からの講話や実際に働いている病院の卒業生を見学

・ICT を活用した遠隔就労体験学習

②見学旅行・校外学習に関すること

・調べ学習、しおり作り

③学習成果発表会に関すること

・発表原稿の作成

・プレゼン資料の作成（パソコンを活用）

（2）ICT を活用した遠隔による授業

　本校は、校外に出ることが難しい生徒が多いため、交流学習や就労体験に ICT を活用した遠隔授業を行っている。そのため、小学部などの早い段階からパソコンや iPad を使用し、他の学習にも取り組んでいる。

147

また、遠隔システムや無料通話アプリ（Zoom）などを活用して、町内の学校や遠方の高等学校、訪問先の自宅など様々な人と遠隔による授業を行っている。

①沖ワークウェルとの就労体験学習
- ビジネスマナー
- ビジネスメール
- Wordの課題
- 実習の感想文

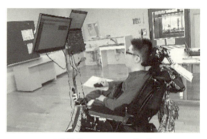

ビジネスメール作成

word課題の取組

ビジネスマナー

②訪問教育学級の遠隔終業式
　訪問教育を行っている生徒の自宅と学校をZoomでつないで始・終業式を行っている。その他に病院のベットサイドの生徒も同じようにZoomを活用して学習を行っている。

無料通話アプリ（Zoom）の活用

③函館の高校との遠隔授業交流（英語スピーチコンテスト）

函館の高校生と英語の授業で体験発表を行った。

英語スピーチ

他校との交流

3 カリキュラム・デザインの工夫

本校の児童生徒の実態から将来の生活で「生きる（活かせる）力」の育成、将来につながる主体性を育てる授業実践、新学習指導要領に対応した教育実践の充実を本校の校内研究の課題としている。

高等部の生徒は、本校卒業後の進路や将来を見据えた学習を行っていく必要がある。本校の生徒の実態を考えたとき、自ら学ぶ機会として、パソコンやiPad等は必要なツールの一つと考える。

そのため、本校では、「総合的な探究の時間」に限らず、どの教科においてもICTを活用し、それぞれの実態に応じた学習を保障している。

それぞれの教育目的や目標の実現のため、教科横断的な視点をもって組み立て、生徒一人一人がよりよい社会と幸福な人生を切り拓くために必要な資質・能力が育つことを目指し、「何を学ぶか」を目標として設定するこ

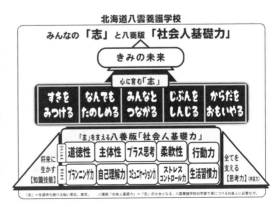

とで「何ができるようになるか」という考えを各教科・各行事で目指し八養版「社会人基礎力」の作成を行い、学校全体の取組として高等部においても取組を進めている。

4 カリキュラム・マネジメントの視点

　本校の生徒は、日常的にいろいろな経験をする機会が圧倒的に少ないため、我々教員が生徒に対してどのような手立てを行い、経験できる場を設定し、増やしていけるかに掛かっている。その中で、現在取り組んでいる遠隔システムや無料通話アプリ、プログラミング学習で少ない動きで、具体物を自分が思った通りに動かすことなどは経験の積み重ねで獲得できる能力と考える。

　病弱教育の生徒がICTの活用を考えるときに、ICTを手立てとして考え、目的に応じた方法を教員と一緒に模索し、それを学習や生活の中で実践できるようになることを目指している。もちろん全ての生徒に有用なわけではないが、ICTのみならず物理的な学習環境を生徒の実態に合わせて整える必要がある。

　本校で行っている沖ワークウェルさんとの就労体験学習では、専用のコミュニケーターを使い、音声通話やメール機能を介して実習に取り組んできた。実習中では、本校の卒業生である実習担当者よりビジネスマナーの受け応えや質問の仕方など具体的な演習を交えながら行い、ま

テレワークの面談

支援技術（AT）の積極的な導入

た、パソコンの文書処理ソフトウェアのワードソフトを使用して実際の業務に沿って資料作りを体験した。

体験した生徒達は正確に作業を進める難しさや、見えない相手とのコミュニケーションの取り方、自分から質問する発信力などについて、生活する上で自分にとって必要な力であると振り返る良い機会となった。

5 導入するポイント―本校における今後の取組―

本校は、来年の8月に札幌市へ移転することになっているため、教育課程の見直しや地域資源の開拓等、現在行っている学習をどのように継続し、生徒の実態に応じた学習をどのように保障していくべきか検討する必要がある。

今まで関わってきた学校とも、今後も遠隔授業を通して継続的に交流を行うことはできるため、学校としての取組を整理し、学習の位置付けを明確にする必要がある。

本校の生徒が取り組んできた学習が、社会に出たときに、一人一人が表現することができるよう「総合的な学習（探究）の時間」を中心に教科横断的に取組を行うことを、これまで以上に検討をする必要がある。

病弱教育特別支援学校は、道内で本校と札幌市立山の手養護学校の2校のため、病弱教育の推進校として積極的に取組について発信する必要がある。病院や地域の方々に本校を知ってもらうための活動や地域人材や社会資源を開拓する等、道内の病弱教育の中心校としての役割を明確にし、児童生徒がよりよい生活が送れるよう取り組んでいきたい。

北の大地に佇む校舎全景

発想力で学びを広げる

「哲学対話」で生徒を育てる

東京都立大山高等学校　校長　外川裕一

1　学校紹介

本校は、東京23区の北西に位置し、学年ごと6学級240人が学ぶ。1959（昭和34）年に定時制が、1963（昭和38）年に全日制が創立した。目指す学校像として、「①4年制大学進路希望が実現でき、面倒見がよい学校、②生徒が、高校に入って良かったと実感できる学校、③保護者、地域から信頼される規律ある学校」の3つを掲げている。また、「ここからスタートする未来」をスローガンに、希望者全員を4年制大学に進学させる、全員を進級・卒業させる、生活指導を徹底的に実施する、等をねらい、日々の教育活動にあたっている。しかし、入学者選抜の倍率は、直近の2年では、ほぼ1倍のため、教科によっては中学の学び直しが必要な者から中堅私大への進学を希望する者まで学力差が著しい。中退者も多く、2019（平成31）年3月卒業の学年では、3年間で25％が転・退学している。卒業後の進路は、直近2年間では、大学・短大が27％、専門学校が36％、就職が16％、その他が20％で、進路多様校といえる。

3年前からの「哲学対話」の導入と組織的な生活指導の徹底により、進路実績の改善や規範意識の向上が見られている。だが、基礎学力の定着を目指す授業改善は、短期的には目に見える成果とはなっていない。

第2部　実践事例編／Ⅷ 発想力で学びを広げる

2 実践概要

（1）哲学対話をすることの意味

　哲学対話を通じて学ぶことは、哲学者の思想内容を学ぶことや既存の哲学理論の内容を理解することではない。さまざまな物事の本質、つまり「そもそも○○って？」を見つけようとする哲学の手法を通して、「**問うこと**」「**考えること**」「**語ること**」「**聞くこと**」の重要性に気がつくことである。

　自分が問いたい問いや関心のある問いをたくさん**問い**ていけば、わからないことが増えていく。自分で問い、**考えて**はじめて、与えられた知識が理解できるようになり、身についていく。考えたことを人に対して**語ろう**とすることで初めて、漠然と頭の中にある考えをまとめ、形にすることができる。人の考えを**聞く**ことで、自分と他者の違いを知り、自分の考えを広げ、深めることができる。相手の言葉を聞き、受け止めることは、相手を自分とは違った存在として認めあうことにつながる。

　このようなプロセスを大切に考える取組が哲学対話である。教員が生徒に尋ねる**発問**や、わからないことをわかっている人に尋ねる**質問**とは異なり、問いかける側も問う側も答えがわからない**問い**が対象である。

（2）**本校での実践**

　2016（平成28）年に都から学力向上推進校の指定を受けたことをきっかけに次のねらいをもって取り入れた。

・生徒が「学び」に対する基本的態度を再確認できる

・生徒が自ら問い、考え、語る（書く）

・何かに興味を持ち、目的意識を持って学校生活を送るようになる
　土台を作る

・コミュニケーションが希薄な中でも他者との距離を縮められる効
　果があり、連帯感を高める

153

① 教職員向けの研修会で実施する

　2016（平成28）年度、6月、10月、12月、2月の4回実施、うち2回は悉皆研修とした。新学習指導要領の「対話的で深い学び」の授業実践者である教員のスキルアップが目的である。具体的には、教員同士で哲学対話を行い、その経験をもとに教員が哲学対話のファシリテーター（対話がスムーズに流れるように進行を管理する役目を担う）となること目指した。しかし、教員の意識改善のきっかけとはならず、これまでと変わらない授業がそのまま展開しただけであった。

② 生徒の自由参加型の哲学対話（「放課後しゃべり場」）を開催する

　平成28年9月から放課後に月に2回程度実施した。外部講師をファシリテーターとして招き、1時間程度行う。定期的に開催していくと、学年に関係なく、10〜20名の生徒が参加するようになった。放課後に残る生徒が少ない学校だが、慣れるに従って、問いを通して深く物事を考えるようになり、大きく変容する生徒や、進路を明確に意識する生徒が出てきている。現在も継続中である。

生徒に示した8つのルール

真剣☆大山しゃべり場
絶対に守る、8つのルール

①なにを言ってもいい。

②人の言うことに対して
　否定的な態度をとらない。

③発言しないで、
　ただ、聴いているだけでも◯。

④お互い質問しあう。

⑤本で知っている知識・
　人から聞いたことではなく
　自分の経験で話す。

⑥まとめない！

⑦途中で意見が変わってもOK

⑧分からなくなっても良い。

③　積極的に進学意識を持った生徒を集めて実施する

　2017（平成29）年7月、進学合宿（学年不問、自由参加、夏季休業中）でなぜ勉強するかを考えさせるきっかけとして実施した。学習意欲や進路意識の目立った向上にはつながらなかった。

　2018（平成30）年から、1・2年生の希望者を対象とする「土曜支援講習（今年より『山高ゼミ』と改称して総合型選抜で進学を希望する生徒向け）」で、自分自身の内面に広がる興味・関心を深めるために適宜導入した（現在も取組を継続中）。進学意識を明確にすることにつながり、哲学対話を通して問いと向き合い、進学に向けたポートフォリオに落とし込むことで、探究していきたい対象がはっきりしてきている。

④　年度当初、新入生向けの哲学対話オリエンテーションを実施する

　平成30年・31年の4月に、生徒がお互いに質問をしあう姿勢をつけることと、「なんでも言って良い・ここにいて良い」という場所を作ることを目的とする。入学して数日後の学校にまだ不慣れな生徒が、打ち解ける場面づくりとなった。31年の時には、上級生がファシリテーター役として参加し、盛り上がる場を作った。また、31年より1年の総合的な学習（探究）の時間で学期に1回、学年全体で取り組み始めた。

3　カリキュラム・デザインの工夫

　哲学対話の手法は、教科、総合的な学習（探究）の時間、HR・学年活動、場合によっては部活動等の生徒は自分を見つめ直すすべての場面において有効性があると思われる。本校としての工夫は次の3点である。

　①学校としての推進チームを組織する
　②探究活動に活用するだけでなく、様々な場面でも取り組む
　③対話によって自分を見つめ直したものをポートフォリオにまとめる

4 カリキュラム・マネジメントの視点

（1）　哲学対話によって、すべての生徒が変容するわけではない

　生徒本人の資質に起因するわけではないが、言語活動であるため、落ち着いた環境を作り、他の生徒の話を聞ける状況を作る必要がある。環境や状況を整えても、参加する生徒が自らの内面を伝えたくなる素直さやひたむきさが大切であり、相手の話を素直に受容できる心の懐の深さが求められる。

（2）　実施場所や回数、参加形態など、適切なやり方はまだわからない

　教員は、深い学びにつながることはわかるが、平常授業の中で取り入れる時間的な余裕がないという。頻度ではなく、どれだけ対話でき、生徒の考えをどれだけ聞けたかが、評価のポイントである。

（3）　他の意見を聞くことができていない生徒へのアプローチは不明

　生徒の特性として、落ち着きのない者や話を聞こうとしない者に対して、本気でやっていることを感じさせればしっかりと参加できる（する）にちがいない。しかし、多くの場合、ファシリテーターが限られた時間を意識し、話の方向性を誘導しようと感じられるので、参加しにくい生徒は本能的により参加しなくなってしまう。無理やりではない時間と場所が大切である。

（4）　日々「忙しい」と感じる教員の多くが、積極的にかかわれない

　平常の教科学習の内容や進度などを考慮して、系統的な学習をより複合的に取り組むことの有効性を、教員が認識できるように働きかけるマネジメントが肝要である。

5 導入するポイント

　哲学対話を進める際のポイントを列記する。（これから求められる「学力の3要素」を育成する上のポイントとも重複するように思われる）

（1）お互いの顔が見えるように座る場所を作る

　椅子でも床に座ってもかまわないが、できるだけ生徒同士がくっつ

き、話ができ、話が聞きやすい状態にすることが重要である。そのため、10人くらいのグループでの対話となる。

（2）対話のルールをきちんと伝えること

話し手の話に集中させるために、話を聞き考えるため、安心して対話できる環境をファシリテーターが作る。

（3）対話中の沈黙や話をしない生徒がいてもかまわない

「ググれば」わかる知識をではなく、自分の経験や印象に基づく話をするので、1時間の中で話がまとまらない生徒もいる。聞いている話に興味があるので聞いている生徒もいる。考える時間になっていればよい。

（4）教員＝ファシリテーターではない

対話によって答え（正解）が見つかるわけでなく、かえってわからないことが増えることがねらいである。問題に対する正答を生徒に教えてきた教員は、授業と同じようにその場をまとめようとしたり、話をした内容を評価したりしてしまうことが多い。生徒の率直な話を他の生徒と比較することなく耳を傾ける訓練を、教員こそが行う必要がある。

（5）人権上配慮に欠ける発言（「○○ってキモい」等）でも否定しない

話をすることが大切なので、「なんでそういうふうに思うの？」というように聞き返し、良い方向に考え直すきっかけとしていく。

（6）決められた時間が来たとしても、振り返りをしなくてもよい

時間の最後にまとめをしたり、グループ内でシェアしたりすることは授業等では大切である。しかし、哲学対話では、その時間を問いや他の生徒の話に対してどう考えていたかが重要なので、結論はなく、わからないことが増えていくことを目指す。

（7）教員も生徒もこれまでの生き方を考えるきっかけとなればよい

〈参考図書〉
梶谷真司『考えるとはどういうことか〜0歳から100歳までの哲学入門〜』幻冬舎新書、2018年

理念と高い志の実現
―終わりにあたり―

　探究の学びは、学ぶことの豊かさ、学問の世界への深さや広がりをもたらします。コンピテンシー・ベースの学びです。その経験は、生徒たちに学ぶことの喜びや楽しさをもたらすことになるでしょう。もちろん大変さも実感するでしょう。そして、同時に生涯にわたって学び続けるための土台をつくります。高校時代に探究の学びを経験することは、その後の人生にとってかけがえのない一場面として生徒たちの記憶に残ることでしょう。

　教科の授業や総合的な学習（探究）の時間で、あるいはホームルーム活動や学校行事といった特別活動の場面で、探究の学びを必要とする場面はたくさんあります。その機会をけっして逃すことなく、うまくとらえて、学びをデザインしていくことが大切です。

　ところで、国連による「持続可能な開発目標（SDGs）」が注目されています。SDGsとは、2016年から2030年までの国際目標です。2015（平成27）年9月の国連サミットで採択された「持続可能な開発のための2030アジェンダ」に記載されました。持続可能な世界を実現するための17のゴール・169のターゲットから構成されています。「地球上の誰一人として取り残さない」（leave no one behind）ことを誓っている点が注目されます。SDGsはこれからの目指すべき社会の在り方を示しています。しかし、これらを言葉にするのは簡単ですが、実現するのは容易なことではありません。

　我が国は今や人口減少社会を迎えつつあります。経済格差も生じています。また、地域ごとに様々な課題があります。実社会にほど近い場所にある高校教育には、そのような課題を「他人事」ではなく、「当事者意識」をもって受けとめることのできる生徒を育てるような教育が求められています。

　世代や性別、置かれた環境、考え方の違いを超えて、現実の世界で結びつき、相互の信頼を築きながら、地道に関係性をつくりあげていくこと。それはけっして楽な道のりではありません。

　そんな希望のある社会を実現していくためにも、高校教育には、自ら課題を発見し、その課題を解決しようとすること、粘り強く取り組もうとするこ

と、他者と協働しようとすることなどの資質・能力を身に付けるためのカリキュラムが必要です。もちろん、このようなことは大人の私たちにも求められています。

　社会の中に一人だけで完結できるような仕事はありません。必ず他者が介在しています。探究の学びは、これからを生き抜く高校生たちに、多様な経験を通して、様々な「糧」をもたらすことになるでしょう。

　本書に実践事例をご提供いただいた執筆者の静謐な筆致で綴られた文章から、私自身は、目の前の生徒一人ひとりのために、学校全体で理念を共有し、高い志を持って、その理念の実現を目指していくことの大切さを感じ取りました。執筆者のみなさまには、ここに深い謝意と敬意を表します。ありがとうございました。

編著者　稲井達也

【編著者紹介】

稲井達也 （いない・たつや）

1962（昭和37）年、東京都生まれ。大正大学教授・附属図書館長。公益社団法人全国学校図書館協議会参事。博士（学術）。専門は教育学、図書館情報学。上智大学文学部国文学科卒。東洋大学大学院文学研究科博士前期課程・筑波大学大学院図書館情報メディア研究科博士後期課程修了。第41回学校図書館賞受賞（2011年）、第59回読売教育賞国語教育部門優秀賞受賞（2010年）。日本図書館情報学会編集委員、日本NIE学会理事・常任理事。早稲田大学教育学部・大学院教育学研究科、東洋大学文学部で兼任講師を務める。著書に『学び合い育ち合う学校図書館づくり―新しい時代の学びのリノベーション』（学事出版）、『子どもの学びが充実する読書活動15の指導法』（学事出版）、『「学校ver.3.0」時代のスクールマネジメント―高校経営9つの視点と15の実践』（共編著、学事出版）、『高校授業「学び」のつくり方―大学入学共通テストが求める「探究学力」の育成―』（東洋館出版社）、『資質・能力を育てる学校図書館活用デザイン―「主体的・対話的で深い学び」の実現―』（学事出版）、『「探究」の学びを推進する高校授業改革―学校図書館を活用して「深い学び」を実現する―』（共著、学事出版）、『主体的・対話的で深い学びを促す中学校・高校国語科の授業デザイン―アクティブラーニングの理論と実践―』（共編著、学文社）、『世界から読む漱石『こころ』（アジア遊学 194）』（長尾直茂・上智大学研究機構ほか編著、分担執筆、勉誠出版）、『授業で活用する学校図書館 中学校・探究的な学習を目ざす実践事例』（編著、公益社団法人全国学校図書館協議会）、『教科力シリーズ 小学校国語』（松本修編著、分担執筆、玉川大学出版部）、『高校生・大学生のための読書の教科書』（共編著、学事出版）、『これならできる！楽しい読書活動』（共編著、学事出版）、『図書を活用した楽しい学習活動〈小学校編〉』（共編著、学事出版）、『「社会に開かれた教育課程」を実現する学校づくり』（共編著、学事出版）などがある。

高等学校「探究的な学習」実践カリキュラム・マネジメント
～導入のための実践事例23～

2019年12月12日　初版第1刷発行
2022年6月16日　初版第2刷発行

編著者 ── 稲井達也

発行者 ── 安部英行

発行所 ── 学事出版株式会社

　　　　　　〒101-0021　東京都千代田区外神田2-2-3
　　　　　　電話03-3255-5471
　　　　　　https://www.gakuji.co.jp

編集担当　丸山久夫
装　　丁　精文堂印刷デザイン室　内炭篤詞
印刷製本　精文堂印刷株式会社

© Tatsuya Inai 2019 Printed in Japan　　　　　落丁・乱丁本はお取替えします。
ISBN978-4-7619-2580-2　C3037